저항과 성찰

윤석열 내란에 대한
한 지식인의 저항 기록

일러두기 _____

이 책은 저자가 지난 3년간 정치 현안을 바라보며 페이스북과 언론 매체에 발표
해 온 글들 가운데 일부를 골라 묶은 것이다.

김영 지음

저항과 성찰

윤석열 내란에 대한
한 지식인의 저항 기록

청아출판사

　광화문 서점에 갈 때마다 '사람은 책을 만들고 책은 사람을 만든다'라는 명언을 접한다. 맞는 말이다. 인류의 문화유산이 체계적으로 집대성된 고전과 현대의 서적은 우리에게 지혜를 전하고 나아갈 길을 밝혀 준다. 과거에 축적된 경험이 현재를 도와준다는 것은 분명한 사실이다.

　세상의 이치를 제대로 아는 것도 쉽지 않지만, 올바른 삶은 아는 것에서 그치지 않는다. "하루라도 책을 읽지 않으면 입안에 가시가 돋는다."라는 명구를 남긴 안중근 의사도 이익을 보면 그것이 의로운 것인가를 생각하고, 나라가 위태로우면 목숨을 바쳐야 한다고 하시지 않았던가.

세상이 안정되고 평화로울 때는 각자 자신의 개성과 취향대로 살아가지만, 나라가 혼란하고 위기에 빠질 때는 독서 지식인이라 할지라도 책을 덮고 떨쳐 일어나지 않을 수 없다. 그래서 한말의 시인 황현 선생께서는 나라가 망해 가던 시기에 "인간 세상에서 글 아는 사람 노릇하기가 참으로 어렵구나(難作人間識字人)."라는 시를 남기고 스스로 목숨을 끊으셨다.

　아인슈타인도 "불의가 현실일 때 저항은 의무가 된다."라고 하였듯이, 민주화와 산업화를 동시에 이룩한 나라로 평가받던 우리나라가 검찰 독재자의 돌발적인 비상계엄 선포로 내란 상황에 빠져들자, 민주 시민들은 국회로 달려가 계엄 해제를 요구하며 '빛의 혁명'을 이룩해 새로운 민주 정부를 수립했다.

　필자는 2018년 대학 강단에서 은퇴한 이후, 인문학자로서 동서고금의 책 가운데 나의 지적 관심사와 우리 사회의 문제를 해결해 줄 수 있는 방안이 내장된 책들을 읽어 왔다. 생태 평화주의적 문제의식에서 《노자》와 《장자》를 다시 읽고, 서양의 걸작 《레미제라블》과 《전쟁과 평화》

를 비롯한 고전들을 정독하여 《고전에 길을 묻다》(청아출판사, 2021)로 정리해 출간했다.

그런데 2022년 3월 9일, 검찰 권력을 기반으로 보수 신문과 방송, 극우 기독교 세력과 유튜버들의 일방적인 옹호를 받은 사람이 대통령직을 수행할 수 있는 정치적 식견과 양식도 없이 0.73%포인트라는 미세한 차이로 한 나라의 지도자가 되었다. 그는 집권 초기부터 혼란과 갈등을 조장했다.

자유의 맛을 본 사람은 독재를 견딜 수 없는 법이다. 2017년 박근혜와 최순실 두 사람의 국정농단을 촛불혁명으로 몰아내고 새로운 민주 정부를 세웠던 민주 시민들은 또다시 "어둠은 빛을 이길 수 없다."라는 노래를 부르며 '빛의 혁명'을 시작했다. 무모하기 짝이 없는 윤석열은 내우외환과 같은 국가 비상시에만 발령할 수 있는 비상계엄을 자신의 권력 유지를 위해 2024년 12월 3일 밤 느닷없이 선포했고, 국민의 거센 저항에 부딪혀 스스로 몰락의 구렁텅이에 빠져들었다.

윤석열 폭정에 대한 지난 3년간의 투쟁 기록을 모은

《저항과 성찰》의 글과 사진은 소생의 것이기도 하지만, '민주사회를 위한 지식인 종교인 네트워크'(약칭 민사네) 선후배 동지들의 집단 지성의 산물이기도 하다. 필자에게 참지식인의 귀감이 되어 주시고, 88세의 고령에도 불구하고 민사네의 고문을 맡아 주신 이만열 선생님께 존경과 감사의 마음을 올린다. 우리 민사네의 여러 고문 어르신과 원로 교수님, 신부님, 목사님들의 지도 편달과 격려 덕분에 어려운 시절을 힘든 줄 모르고 건너올 수 있었다. 대부분 정년 퇴임을 하신 70대 전후의 연세임에도 망년지교(忘年之交)를 허락하셔서 나이를 잊고 동지로 의기투합할 수 있었다. 2022년부터 지금까지 매주 주말이면 눈비를 맞고 뙤약볕을 쐬면서도 태평로, 여의도, 한남동, 안국동, 광화문 거리와 법원이 있는 서초동 거리에서 '윤석열 파면·구속, 김건희 구속'을 끈질기게 외칠 수 있었던 것은 우리 민사네 선후배님들의 지행일치 철학과 넉넉한 인품 덕분이 아니었을까 생각된다.

지난 제20대 대선을 앞둔 2021년 겨울부터 페이스북을 비롯한 SNS상에서 '민주개혁 정부를 위한 온라인 시민연대' 활동을 함께해 온 박충구 교수, 정종훈 교수/목사, 김근수 소장 그리고 백승종 교수의 지적 자극과 격려도 큰 힘이 되었다.

아울러 편파적인 기성 레거시 미디어에 대항해 2022년 11월 15일에 창간된 시민언론 '민들레'와 '뉴탐사(이전 더탐사)'에서 용기 있는 정언과 정론을 실천해 온 이명재 대표와 강진구·박대용 기자분들께도 감사의 마음을 전한다. 또, 2023년 3월 13일 함세웅 신부님의 〈민주공화국, 정의 공동체 사회와 시민의식〉 개강 특강으로 문을 연 '시민학당'을 성립해 준 최영민 감독과 강좌에 참여해 주신 민주 시민들께도 깊은 감사를 드린다.

아직 내란 잔당들이 발호하고 있고 우리 사회를 자기들의 기득권 카르텔에 묶어 두려는 수구 보수 세력이 남아 있지만, '억강부약(抑强扶弱)'을 정치철학으로 삼아 내치와 외교에서 참신한 바람을 일으키며 구체적이고 실용적인 성과를 내고 있는 이재명 국민주권 정부가 성공하여, 우리나라가 더 민주적이고 평화로운 나라가 되길 바란다. 필자는 이러한 마음으로 앞으로도 꾸준히 정진하며 불의에 저항하고 안으로 성찰하려 한다.

이 부족한 책을 지난 3년 동안 나와 함께 눈비를 맞으며 거리에 나섰고, 이 책에 실린 역사 현장의 사진 대부분을 찍어 준, 올해 고희를 맞은 사랑하는 아내 서은숙에게 드린다. 그리고 멀리서 늘 아빠를 응원해 주는 연이와 원이, 사랑하는 손녀 에린이와 로에와도 출간의 기쁨을 나누고 싶다.

끝으로 알게 모르게 필자와 연대하면서 어려운 시대를 함께 건너온 민주 시민, 동지들께 우의와 감사의 마음을 전해 드리고, 학창 시절부터 지금까지 늘 부족한 필자를 성원해 주시고 이 책을 출간해 주신 청아출판사 이상용 사장님께 깊이 감사드린다.

자락학인 김영 삼가 씀

차례

1부. 2022년 제20대 대선 패배와 윤석열 정권의 실체

4부. 2025년
이재명 대통령 시대의 개막과
내란 세력의 준동

1부

2022년

제20대 대선 패배와
윤석열 정권의 실체

이재명 시대의 개막에 대한 기대와 좌절

페이스북

2022.1.16.(2026.2.1. 수정 보완)

새로운 시대에 대한 희망

넷플릭스 드라마 〈오징어 게임〉에서 열연한 오영수 노배우가 79회 골든 글로브 시상식에서 남우조연상을 수상했다는 소식을 들었다. 2021년 영화 〈기생충〉으로 봉준호 감독이 아카데미 시상식에서 감독상을 받았고, 2022년 봄에는 윤여정 배우가 영화 〈미나리〉로 여우조연상을 받은 이래 한국 영화계에 연이어 낭보가 날아들고 있다. 스포츠와 다른 문화·예술 분야에서도 마찬가지다. 박세리 선수를 비롯한 우리나라 여성 골퍼들이 LPGA 무대를 주

17

름잡았고, 영국 프리미어 리그에서 활약하다 미국 LAFC로 이적한 손흥민 선수는 자타가 인정하는 월드클래스다. BTS는 전 세계 젊은이들을 열광시켰고, 〈케이팝 데몬 헌터스〉의 OST '골든(Golden)'은 K-팝 최초로 그래미상을 받았다. 한강 작가는 2016년 《채식주의자》로 노벨상에 비견되는 맨부커상을 수상했으며, 2024년에는 아시아 여성 작가로서는 처음으로 노벨문학상을 수상했다. 산업 분야에서도 우리나라의 반도체 생산은 세계 1위를 차지하고 있으며, 세계인들이 한국 기업이 만든 핸드폰을 들고 다니고, 국제공항 로비에서 한국산 TV로 뉴스를 시청하는 모습은 이제 너무도 자연스럽다.

이처럼 우리나라가 세계적으로 활약하며 의미 있는 성취를 거둘 수 있었던 데에는 여러 요인이 작용했겠지만, 그 바탕에는 근년에 이룩한 다이내믹한 민주화와 압축적 성장이 자리하고 있지 않을까 한다. 김대중 대통령 시대의 정보고속도로 인프라 구축은 근대 기계 문명의 후발 주자였던 한국을 현대 디지털 전자 문명의 선두 주자로 도약시키는 기반이 되었고, 노무현·문재인 두 대통령의 탈권위주의 정치 문화는 기존의 정치적 상상력을 억압하던 모든 영역에 해방과 자유의 기운을 불어넣었다. 이미 자유 민주주의의 맛을 본 깨어 있는 시민들은 이명박의 토건 행정이나 근혜순실의 국정농단을 도저히 용납할 수 없었다. 그렇게 피 한 방울 흘리지 않고 적폐 정권을 탄핵으로 몰아낸 2016년 겨울부터 2017년 봄에 이르는 촛불시민혁명과 평화적 정권 교체는 세계인의 찬사를 받았다. 2019년 스웨덴의 '민주주의 다양성 연구소'에서 펴낸 〈세계적 도전에 직면한 민주주의〉 연구 보고서에서는 한국을 최고 수준의 민주주의를 구가하는 나라라고 평가한 바 있다.

우울한 현실

산이 높으면 골짜기가 깊은 것인가. 고도성장과 급격한 민주화는 우리 사회에 희망의 빛을 비추는 동시에 곳곳에 어두운 그림자를 드리웠다. 우리나라는 부자와 권력자들에게는 무한대의 자유가 주어지지만 결코 책임은 지지 않는, 가진 자들의 천국이지만, 가난한 서민과 노동자, 청년,

여성, 노인, 장애인, 이민자에게는 사회적 지옥이다. 사회 경제적 양극화는 갈수록 심화하고, 자연환경은 형편없이 훼손되고 있다. 입시 지옥으로 내몰린 청소년들의 자살, 열악한 작업 환경과 안전 불감증 사업자들의 경비 절감 지침으로 인한 하청 노동자들의 연이은 사망 사고, 집값 폭등과 일자리 급감으로 인한 청년들의 불안, 그로 인한 연애·결혼·출산 포기에 따른 인구 절벽, 무분별한 난개발과 농약 살포 그리고 비닐과 플라스틱의 무절제한 남용으로 인한 땅과 공기, 강과 바다의 오염 등 환경 재앙은 심각한 수준에 이르렀다.

게다가 생산성과 효율성을 강조하는 정글 자본주의 시스템은 사람을 인격체가 아니라 돈벌이 수단으로 여긴다. 교육 역시 인간다운 사람, 남과 함께 더불어 살아가는 사회화된 인물을 길러내는 데 목적을 두지 않고, 경쟁에서 이기는 효율적이고 기능적인 인간을 양성하는 데 초점을 맞추고 있다. 상호 간의 협력보다는 각자도생을 먼저 생각하고, 남을 타자화한다. 그러니 모두가 불안하고 소외되어, 그 누구도 행복하지 않은 사회가 되었다.

이러한 이기주의적 사고방식은 인간과 자연의 관계에

도 관철되어, 인간의 무절제한 소비와 끝없는 탐욕은 동식물의 서식지까지 파괴하고 생태계를 붕괴시켜 코로나 팬데믹이라는 부메랑을 맞게 되었다.

이재명 정부에서는 새로운 문명 기획을

이렇게 희망과 절망이 착종된 상황에서 우리는 2022년 3월 9일 제20대 대통령을 선출하는 대선을 맞게 된다. 누가 우리에게 주어진 희망을 이어 가고, 이 비극적인 현실을 개혁하여 문명의 대전환을 기획할 수 있을까. 평생 낮에는 남들을 수사해 기소하는 법의 칼날을 휘두르고, 밤에는 룸살롱에서 수하들과 술이나 마시며 조폭 두목 같은 행태를 보이다가 아무런 준비 없이 불쑥 대권 도전에 나선 사람이나, 수기치인(修己治人)의 내공 없이 오직 권력과 인기만을 탐하는 미성숙한 엘리트에게 나라의 장래를 맡길 수는 없지 않겠는가. 도올 김용옥 선생이 농업과 농촌 문제를 두고 대화를 나눈 뒤 "하늘이 내린 인물"이라고 칭송한 이재명 후보는, 우리 시대의 사제인 함세웅 신부의 말씀대로 "하늘이 주신 기회"가 아닐까.

제20대 대선에서 민심과 천심에 따라 이재명 후보가 대통령이 된다면, 스스로 천명한 실용주의자답게 우리에게 주어진 희망과 기회를 살리고, 우울하고 절망적인 현실을 과감히 혁신하는 '수시변역(隨時變易:《주역》에 나오는 구절로, 때에 맞게 이론과 생각을 바꾼다는 뜻)'의 지도자가 되어 주기를 바란다.

먼저 이재명 정부는 생태 민주주의를 지향했으면 한다. 모든 생명, 특히 산업 현장에서 목숨을 잃는 노동자가 없도록 안전 보호 시스템을 구축하고, 누구나 기본적인 생활이 가능하도록 기본 소득 지급 제도를 정착시키고, 입시 경쟁으로 자살하는 학생이 없도록 인간 교육 중심의 대대적인 교육 개혁을 단행하고, 사람을 돈벌이 수단이 아니라 고귀한 인격체와 목적으로 대하는 인권 문화를 확립하고, 여성과 사회적 소수자의 인권을 지켜 주는 제도와 의식을 정착시켰으면 한다. 그리고 풀 한 포기와 나무 한 그루, 들과 강과 바다에 사는 뭇 생명에 대한 예의가 넘치는 나라를 만들었으면 한다.

아름다움과 품격을 갖춘 나라가 되려면 문화·자연 인

프라의 확충 또한 필요하다. 공공 도서관과 박물관, 미술관, 공연장과 극장, 다목적 전시 공간을 고르게 확충하고, 자연 생태 공원과 숲을 가꾸며, 일상에서 쉼과 사색을 누릴 수 있는 산책길과 휴식 공간을 늘려야 한다.

가장 나쁜
지도자

길목 금요인문학
2022.2.4.

"가장 훌륭한 지도자는 백성들이 그가 있는 것만 겨우
알고, 그 아래의 지도자는 친근히 여겨 찬미하고, 그다
음 아래의 지도자는 두려워하고, 가장 나쁜 지도자는
경멸한다. 그러므로 통치자의 믿음이 부족하면 백성들
이 믿지 못한다. 훌륭한 지도자는 삼가 조심하여 말을
아낀다. 공(功)을 이루고 일이 마무리되어도, 백성들은
모두 '우리가 스스로 그렇게 해냈다'라고 말한다."

– 《노자》 17장

통치가 가장 잘 이루어지는 지치(至治)의 시대에는 누

가 왕인지, 누가 대통령인지 모르고 살지만, 난세(亂世)에는 왕의 명령이 번다하고 대통령의 일거수일투족이 메인 뉴스의 톱을 장식한다. 걸주(桀紂) 같은 폭군이 설쳤을 때 백성들은 "이런 날이 언제 망할까? 나와 네가 함께 망했으면 좋으련만." 하며 절규했고, 총칼로 대통령직을 찬탈하려는 쿠데타 세력에 대해서는 시민들이 피로써 항쟁하기도 했다.

그러나 요순(堯舜) 같은 성군이 천하를 경영할 때는 백성들이 누가 통치자인지도 모르고 왕의 존재를 의식하지 않을 정도로 편안했던 것 같다. 새가 하늘을 날면서도 공기를 느끼지 않고, 물고기가 물속을 헤엄치면서도 물을 의식하지 않듯이, 모든 것이 너무도 순조롭고 자연스럽게 돌아갔기에 통치자의 존재를 굳이 느낄 필요가 없었을 것이다.

우리나라의 미래를 이끌어 갈 제20대 대통령을 뽑는 선거가 이제 한 달 앞으로 다가왔다. 투표에 앞서 출마한 후보들을 노자가 말한 네 가지 지도자 등급으로 나누어 생각해 보면 어떨까.

국민이 지도자가 있는지 없는지조차 모를 정도로 물 흐

유튜브 〈노자랑 놀자〉 강의

르듯이 자연스럽게 나라를 경영하는 지도자는 이상적이
지만 현실에서는 만나기 어렵다. 아마 친근히 여기고 칭
송받는 지도자를 만날 수 있다면 그것만으로도 행운일 것
이다. 이렇게 국민에게 인기가 있는 지도자는 자기의 눈
이 아니라 국민의 눈높이에서 세상을 바라보고, 백성들
의 슬픔과 기쁨을 자신의 것으로 여기는 친애민중(親愛民
衆)의 정치철학을 지닌 지도자일 것이다. 이런 마음가짐을
지닌 사람은 찾아볼 수 있을 것이다.

민주 시민이라면 적어도 두려워하거나 경멸하는 지도자는 피해야 할 것이다. 그런데 불행하게도 이번 대선 후보 가운데 검찰 공화국과 무속 공화국을 꿈꾸는 자가 있다. 검찰 공화국이 된다면 국민은 두렵게 될 것이고, 무속 공화국이 된다면 지도자를 경멸하게 될 것이다.

나라의
지도자가 되려면

길목 금요인문학
2022.3.4.

맹자는 "하늘이 장차 어떤 사람에게 큰 임무를 맡기려 할 때에는 먼저 그 마음을 괴롭게 하고 그 몸을 수고롭게 한다(天將降大任於是人也, 必先苦其心志, 勞其筋骨)."라고 하였고, 《대학(大學)》에서는 "천하에 밝은 덕을 밝히려고 하면 먼저 그 나라를 잘 다스려야 하고, 그 나라를 잘 다스리려면 먼저 자기 집안과 자기 자신을 잘 다스려야 한다(欲明明德 於天下, 先治其國, 欲治其國, 先齊其家, 先修其身)."라고 하였다.

향후 5년간 우리나라를 이끌어 갈 대통령을 선출하는 선거가 이미 시작되었다. 재외 교민의 부재자 투표는 2월 23일부터 시작되었고, 국내 사전 투표는 3월 4일과 5일

양일간 실시되며, 3월 9일에는 본 투표가 예정되어 있다.

제20대 대통령을 선출하는 이번 대선은 정권 교체냐 정치 교체냐, 민주 정부 계승이냐 아니냐를 두고 치열한 공방을 벌이며 마지막까지 숨 막히는 접전을 펼치고 있다. 여당 후보는 지방정부를 맡아 중앙정부에 대한 직접적인 책임은 없지만, 집권 여당의 후보이기에 민주당 정부의 부동산 가격 폭등에 따른 서민과 청년층의 실망감과 인사 실패라는 불리한 정치 지형 위에서 선거전을 치르고 있었다. 정권 교체 프레임이 강하게 작동해서 초반전에는 상당한 고전을 면치 못했다. 그러나 선거운동과 TV 토론이 진행되면서, 맹자가 말한 바와 같이 역경을 딛고 일어선 그의 입지전적인 삶과 검증된 행정 능력이 알려지며 서서히 지지율이 오르고 있다.

반면, 민주당 정권을 심판하겠다는 명분으로 갑작스럽게 출마한 제1야당의 후보는 국회의원이나 지방정부를 맡아 본 경험도 없고, 정당 활동을 통해 정치적 역량을 축적해 온 인물도 아니다. 검찰총장 임기 도중에 느닷없이 등판한 정치 신인으로, 나라를 잘 다스리려면 먼저 수신(修身)과 제가(齊家)를 하라는 《대학》의 가르침과는 달리,

본인-처-장모의 월권과 비리에 더해 선제공격과 사드 배치 등 나라의 평화를 위협하는 위험천만한 발언을 수시로 내뱉고 있어 국민의 불안을 자아내고 있다.

현재 전 세계는 사회경제적으로 신자유주의 물결이 덮쳐, 부유한 나라와 가난한 나라 사이의 경제적 수준 차이는 점점 더 벌어지고, 국내적으로는 소수의 초부유층(super rich)과 가난한 노동자 계층(working poor) 간의 격차도 점점 심해지면서 사회경제적 양극화가 심화되고 있다. 게다가 코로나19 팬데믹으로 뼈저리게 경험했듯이, 전 지구적 생태 위기와 기후 변화는 인류의 생명과 생존을 위협하고 있다. 이러한 시대적 상황 속에서 지도자의 현명한 역할과 문제 해결 능력은 절대적으로 중요하다.

이번 제20대 대통령 선거를 정권 교체냐, 정치 교체를 통한 정치 개혁이냐 하는 정치공학적 프레임으로만 바라볼 것이 아니라, 우리 사회가 당면한 이러한 사회경제적 양극화와 기회 불공정의 문제를 해결하려는 의지와 준비된 역량을 누가 더 갖추고 있는지를 기준으로 판단할 필요가 있다.

지금 우리는 국내외적으로 심각한 위기 상황에 놓여 있

다. 거친 파도가 몰아칠 때 많은 사람을 태운 배의 선장은 고도의 항해술과 담대한 용기를 지녀야 하며, 승객에게 신뢰를 주고 선원들을 잘 통솔할 수 있어야 한다. 이번 대선에서 누구에게 대한민국호의 선장 역할을 맡길 것인가.

교활한 지혜의
폐단

페이스북
2022.5.27.

"옛날에 도를 잘 실천하는 사람은 백성을 똑똑하게 하지 않고 우직하게 했다. 백성을 다스리기 어려운 것은 쓸데없는 지식이 많기 때문이다. 그리므로 지(智)로 나라를 다스리는 것은 나라에 해가 되고, 지(智)로 나라를 다스리지 않는 것은 나라에 복이 된다. 이 두 가지 사실을 아는 것이 나라를 다스리는 중요한 기준이다. 언제나 이 기준을 아는 것을 심오하고 미묘한 덕(德)이라 한다. 이 현묘(玄妙)한 덕은 깊고 멀어 현상과 반대되는 것 같지만, 나중에는 자연의 큰 순리에 맞게 된다."

– 《노자》 65장

노자는 일찍이 기존의 지식이 인간을 인간답게 만들어 주는 해방의 지식이 되지 못하고, 오히려 지배 체제를 옹호하는 지배의 지식으로 작동하고 있음을 간파했던 것 같다. 쓸데없는 지식을 가르치기보다는 차라리 우직하게 살아가도록 하는 게 낫다고 보았다. 꼼수를 부리는 지식이나 개인의 이기적인 욕망을 달성하는 데 필요한 작은 지식인 '소지(小智)'를 버리고, 너와 나를 아우르며 인간과 자연을 모두 소중히 여기는 큰 지혜인 '대지(大智)'를 강조한 것이다.

조선 후기 실학파 문인 연암 박지원의 초기 한문 소설에 《허생전》이란 단편이 있다. 이 작품의 주인공 허생은 가난한 선비로, 아내의 성화에 못 이겨 책을 덮고 일어나 집을 나선다. 장안의 거부인 변 부자에게서 돈을 빌린 허생은 경상도와 전라도와 충청도로 가는 길목인 안성에서 과일 도매상을 하고, 제주도에 가서 양반들의 갓을 만드는 데 사용되는 말총 장사를 해 큰돈을 번다. 그 뒤, 사람이 살지 않는 빈 섬을 찾아 들어가 그곳에 자기가 꿈꾸는 이상국을 건설하는 사회사상이 담긴 작품이다.

여기서 허생이 무인공도(無人空島)에 들어가 이상국을

세우면서, 글을 아는 지서자(知書者)들을 배에 태워 다시 육지로 데리고 나오는 장면이 등장한다. 작가 연암은 왜 글을 아는 사람들을 섬에서 육지로 소개(疏開)시켰을까? 아마도 당대의 지식이 인간의 품성을 고양시키지도, 자기 성찰과 세계 인식의 도구가 되지도 못하고, 지배자의 통치를 합리화하고 부자들의 기득권을 확대하는 데 소용된다고 생각한 것은 아니었을까. 사정이 그러하다면, 그런 지식은 없는 게 낫지 않을까. 지식이 인간의 흐린 눈을 맑게 하고 현명한 판단을 하는 데 도움을 주는 해방의 기능을 상실하고, 기득권자들의 지배 도구가 되어 자기 계급의 부당한 지배나 이익을 합리화해 주고 순박한 사람들을 부시하는 교지(驕智)가 된다면 말이다.

우리나라는 얼마 전까지 검찰총장이었던 사람이 곧바로 대통령이 되고, 검찰 조직에 몸담았던 현직 검사 출신들이 법무부 장관과 권력자 주변에 대거 포진해서 바야흐로 검찰 국가 시대가 열렸다. 다산 정약용 선생은 일찍이 《흠흠신서(欽欽新書)》에서 법의 적용은 특히 조심하고 또 조심해야 한다고 강조했다. 그러나 오늘날 검찰은 자기 조직원과 가족의 명백한 죄는 덮어 주고, 자기들 마음에

들지 않는 사람의 죄는 찾을 때까지 먼지떨이식 수사를 벌이고, 때로는 없는 죄도 만들어 구속시키는 편파적 법 적용을 일삼고 있다. 입으로는 '공정'과 '정의'를 말하지만 실제로는 법 지식을 교활하게 왜곡해 '공정'과 '부당'한 법 적용을 하고 있는 것이다.

이렇게 법 지식을 편파적으로 동원하여 선별적으로 부당하게 법리를 적용하는 행위는 거의 흉기를 휘두르는 것과 다름없지 않을까.

김동춘의
《시험능력주의》를 읽고

페이스북
2022.6.8.

'공정'과 '능력주의'의 실상

올해 일흔이 되는 필자가 현실적으로 대통령 자리를 차지한 윤가를 인정하지 않는 이유는 자기 측근에 검찰의 충견들을 배치함으로써 나라를 사당화하고 검찰 독재를 획책하여 우리나라 헌법이 명시한 민주공화국의 정체를 위협하고 있기 때문이기도 하지만, 지난 대선 과정에서 "가난한 사람은 자유를 누릴 자격이 없고, 육체노동은 아프리카인이나 하는 것"이라고 한 발언에서 드러난 그의 노골적인 인간 차별 의식 때문이다.

인간이 세상에 태어나 겪는 가장 억울한 일이 차별받는 것이다. 남성 우위의 가부장적 유교 문화 속에서 여성으로 태어나 설움을 겪고, 홍길동처럼 서자로 태어나 아버지를 아버지라 부르지 못하고, 가난하고 힘없는 집안에서 태어나 평생 고생하고, 태어난 지역이나 피부색 때문에 차별당하고, 고졸이거나 육체노동자라는 이유로, 혹은 SKY 대학을 나오지 않았다는 이유로 평생 루저 취급을 받는 것은 참으로 억울하지 않을 수 없다. 누가 원해서 여성이나 서자로, 서민이나 유색인으로 태어났는가. 오직 하늘의 뜻대로 이 세상에 나왔을 뿐인데, 왜 당사자를 차별하는가.

노자는 "천지불인(天地不仁)", 곧 하늘과 땅은 사람을 차별하지 않는다고 했는데, 왜 인간들은 서로 차별하고 배제하고 억압하고 위아래를 가르는가. 원시공동체 사회에서는 함께 일하고 더불어 나누어 먹는 생활을 했으나, 역사가 진행되면서 무기가 발달해 남을 정복하고, 생산력이 증대되자 돈으로 계급을 나누고, 공동체의 규모가 커지면서 권력을 독점하려는 욕망은 상하의 차서 질서를 만들어 냈다. 그러나 이렇게 권력이 소수에 집중되고 부가 특정 집단에 쌓이자, 인류는 이에 맞서 민주주의와 평등을 요구하는 투쟁을 이어 왔다. 그 결과 자유와 평등, 연대와 민주주의는 이제 인류 보편의 가치로 인식되기에 이르렀다.

역사의 흐름이 이러하지만, 아직도 권력 집중과 독재의 청산, 경제적 평등과 인간에 대한 존중은 뿌리내리지 못하고 세계 곳곳에서 흔들리고 있다. 압축적 성장과 민주적 정권 교체를 이룩했다고 자부한 우리나라도 전체 국부는 세계 상위권 수준에 도달하고, 5년제 대통령 제도로 여야 간 정권 교체가 이루어지는 절차적 민주주의는 어느 정도 정착되었으나, 실질적 평등과 정의는 여전히 실현되지 못하고 있다. 필자는 평생 글을 읽고 후학을 가르치는 역할을 하면서도, 이러한 독서와 교육이 과연 사람이 사람답게 사는 세상을 만드는 데 얼마나 도움이 될 수 있을지를 늘 자문해 왔다.

2022년 5월, 필자의 이러한 의문을 명쾌하게 밝혀 줄 김동춘 교수의 신간《시험능력주의》를 만나게 되었다. 이 책은 우리 시대의 화두가 된 '공정'과 '능력주의'의 실상을 들여다보며, 우리 사회에 만연한 차별과 불평등 문제의 근원을 파헤치고 있어 많은 생각을 하게 한다. 환갑 무렵

교수회 의장을 맡아 지난 10여 년간 교단과 거리를 넘나드는 생활을 해 온 필자가 공감하는 바가 많아, 이 책을 읽고 느낀 점을 써 보고자 한다.

시험 성적 만능주의의 폐해

1987년 민주화운동 이후 한 세대가 지난 지금, 부모의 경제적 후원을 받은 시험 선수 엘리트들이 권력과 부를 차지하고, 그 자녀들 역시 SKY 대학이나 외국 대학을 졸업한 고학력자가 되어 우리 사회의 지배층을 형성하고 있다. 고시에 합격해 운이 좋으면 최고 권력의 자리를 차지하기도 한다. 어느 서울법대 출신은 부모의 넉넉한 뒷받침으로 9수를 한 끝에 검찰총장이 되었고 급기야 대통령 자리에까지 올라, 사법고시에 합격해 엘리트 의식이 넘치는 검찰 출신 인사들을 권력의 핵심 요직에 앉혀 '검찰의, 검찰에 의한, 검찰과 그 가족을 위한' 검찰 국가를 꿈꾸고 있지 않은가.

1970~1980년대까지만 해도 개인의 노력만으로 성공

할 수 있는, 이른바 '개천에서 용 나는 신화'가 가능했다. 김대중·노무현 문민정부에서 싹트기 시작한 탈권위적이고 자유로운 분위기 속에서 봉준호·박찬욱 감독의 영화, BTS로 대표되는 K-팝, 김연경과 손흥민 같은 세계적인 인물들이 나오기도 했다.

그러나 외환 위기 이후에 불어닥친 신자유주의의 영향으로 양극화는 심해지고 생존 경쟁이 치열해지자, 기득권 카르텔의 벽은 한층 더 공고해졌고 노동자와 서민, 청년층과 여성의 삶은 더욱 가팔라졌다. 이런 치열한 생존 경쟁 사회에서 보통 사람이 선택할 수 있는 거의 유일한 입신출세의 경로는 공부를 잘해 수능 시험에서 고득점을 올려 소위 일류 대학에 진학한 뒤 사법·행정 고시 같은 각종 시험에 합격하거나 대기업에 취업하는 길밖에 없다. 그런데 이러한 각종 시험은 과연 공정하며, 인간의 능력을 객관적으로 평가하는 지표가 될 수 있을까?

시험을 목표로 하는 현재 한국 교육의 문제를 사회적 문제와 연계해서 분석한 《시험능력주의》의 저자 김동춘 교수는 이 질문에 대해 매우 부정적이다. 교육의 목표가 한 인간의 잠재적 가능성을 이끌어 내는 데 있지 않고, 시험을 잘 보는 득점 기계를 양성하는 데 맞춰져 있다는 것은 교육의 본래 취지를 왜곡한다는 것이다. 일을 잘할 수 있는 능력과 자격을 테스트하는 것이 아니라, 등수를 매기고 합격자와 탈락자를 가르는 것은 교육의 본질이 아니다.

그런데 현재 한국의 교육 현실은 전국의 고등학생 중 상위 2%만이 최상위권 대학에 진학할 수 있고, 상위 10%만이 인-서울 대학에 들어가며, 나머지 90%는 지방대에 가거나 입시 경쟁에서 탈락할 수밖에 없는 구조다. 그래서 학생들 사이에서는 "수능 1~3등급은 치킨을 시켜 먹고, 4~6등급은 치킨을 튀기는 사람이 되고, 나머지는 치킨을 배달하는 사람이 된다."라는 자조적인 말이 떠돈다고 한다. 사정이 이러하니 '시험 지상주의'와 '학력 만능주의'가 판을 치고, 명문대 졸업장이 현대판 귀족 족보가 되는 것이다.

오늘날 한국 사회에서 학벌은 강력한 문화 자본이다. 학위를 가진 전문가와 교수 집단은 사회적 책임이나 공공성을 위해 지식을 사용하기보다는 자신의 이익을 지키고 위세를 드러내는 수단으로 사용하는 경우가 많다. 이는 개인의 능력 계발을 통해 얻는 '순수 능력주의'와는 다른 '학력 자격주의'라고 할 수 있다. 이러한 경향이 확대되면서 부자들은 자녀에게 경제적 부의 세습뿐만 아니라 막대한 교육(과외) 투자를 통해 일류 대학 졸업장을 쥐여 주려 한다. 실제로 SKY 대학이나 의대, 판검사나 변호사를 양성하는 법학전문대학원의 입학생 가운데 서울 강남에 사는 자녀들이 증가하고 있음이 통계로도 확인되고 있다(2024학년도 서울대 정시모집 일반전형 합격자 4명 중 1명은 강남 3구 출신이었다). 이제 학생의 능력은 본인의 능력만이 아니라 부모의 경제적 능력까지 포함하는 것이 되어 버렸다. 이런 상황에서 시험은 누구에게나 공정하며 객관적이라고 할 수 있을까.

더 큰 문제는 이러한 시험 제도가 갖는 원천적인 '기울어진 운동장' 때문에 벌어진 격차가 불평등을 정당화할 뿐만 아니라 도덕적으로 포장까지 해 준다는 데 있다. 낮은 성적과 탈락은 노력이 부족했기 때문이며, 잘나가는 사람을 비판하는 것은 루저들의 시기와 질투로 치부된다. 이같이 시험능력주의는 승리자를 오만하게 만들고, 약자를 멸시하게 하며, 패자에게 깊은 굴욕감을 안긴다.

그런데 패자들은 이런 세상을 원망하면서도 이 모순된 현실을 개혁하려 하기보다는 자신의 능력 부족을 탓하고, 재산 상속과 학벌주의의 폐해를 비판하기보다는 자신보다 아래에 있는 사람을 멸시하는 것으로 해소한다. 조그마한 불공정에는 분노하지만, 큰 불의에는 침묵한다. 그래서 조국 교수 딸의 표창장 문제는 예민하게 따지고 '작은 불공정'에 대해서는 격렬한 반응을 보이면서도, 검찰의 불공정한 수사나 대기업의 갑질, 명문대의 입시 비리나 연구비 부정 사용 같은 '큰 불의와 불공정'에 대해서는 침묵한다.

시험능력주의에서 사회적 정의의 길로

김동춘 교수는 명문대 입학이나 고시 합격을 핵심 내용으로 하는 시험능력주의는 분명한 양면성을 지닌다고 말한다. 주어진 문제를 잘 푸는 시험형 인간은, 정답은 잘 고르지만 우리 사회의 복합적인 문제를 해결하는 데에는 무능하다. 그들은 명문대 졸업장이나 고시 합격 및 각종 자격증이 가져다주는 특권을 한껏 누리면서 사회적 약자를 멸시하고 노동을 천시한다. 그 대표적인 사례가 9수 끝에 사법 고시에 합격하여 검찰총장을 거쳐 대통령 자리에 오른 윤석열이다. 그는 엘리트 의식과 독선에 사로잡혀 국민을 우습게 알고 노동을 천시하며, 교육의 목표는 기업에 노동력을 공급하는 데 있다는 망발을 서슴지 않고 있다. 이러한 시험형 인간은 터무니없는 우월 의식 때문에 세상을 제대로 바라보지 못하고, 알려진 정답만을 찾다 보니 현실의 복잡한 문제를 풀 능력이나 인문적 소양이 부족하다.

그렇다면, 이처럼 많은 문제를 노정하고 있는 시험능력주의를 어떻게 극복할 수 있을까. 김동춘 교수는 다음의 여섯 가지 방안을 제시한다.*

1. 대학 서열을 완화하고 '좋은 대학'을 많이 만들어서 대입 병목의 너비를 넓히는 것

* 김동춘, 《시험능력주의》, 창비, 2022, 278~279쪽.

2. 법조인과 의사 같은 전문직의 특권과 독점을 해소하
   는 것
3. 좋은 자리에 대한 획일적 사회 기준을 극복하는 것
4. 지위 상승에 대한 압력을 줄이기 위해 아래의 자리
   를 더 좋게 만드는 것
5. 학력과 학벌에 관계없이 취업, 승진, 지위와 보상을
   성취할 수 있는 길을 만드는 것
6. 능력주의 이데올로기 자체를 극복하는 것

교육이 인간의 잠재적 가능성을 계발하여 개인과 공동
체가 함께 올바르게 살아가는 길을 모색하는 것이 아니
라, 개인의 사적 출세 욕망과 이익을 위한 수단으로 전락
한다면 참으로 위험한 일이다. 공동체 의식이나 공적 정
신은 없고 암기력이나 시험 재능만 뛰어난 시험형 인간
이 관료, 판검사, 정치가, 의사가 되어 국가와 사회의 지도
층이 된다면, 그들은 나라를 좀먹는 '큰 도둑'이 될 가능성
이 높다. 흔히 시험 문제를 잘 풀어 스스로 똑똑하다고 자
부하는 사람도 실은 그 지식의 대부분을 인류가 오랜 시
간 축적해 온 지식에 의존하고 있다. 한 개인이 발휘하는

능력도 국가와 사회가 깔아 놓은 인프라가 있기에 가능한 것이고, 우리의 선인들과 선배, 동료들의 도움과 기여가 있기에 가능한 것이다.[*]

이제 우리나라는 공교육을 정상화하고 시험과 평가 위주의 교육 방식을 지양함으로써, 더 이상 사교육 주도의 입시 경쟁으로 국력이 낭비되는 것을 막고, 학생 각자의 개성과 잠재력을 살리는 개별적 창의 교육으로 전환해야 할 것이다. 입시에 실패하더라도 자신의 영역에서 자존감을 가지고 살아갈 수 있는 사회적 분위기 조성이 절실히 필요하다. 그러려면 교육의 제도 개혁, 구조 개혁, 가치 개혁이 함께 이루어져야 하며, 불평등한 권력과 부의 독점을 막아야 한다. 경제적 균등, 정치적 균등, 교육의 균등이 함께 실현되어야 하는 것이다.

이렇게 우리 사회의 심각한 문제인 '시험능력주의 극복'이라는 과제를 교육계 내부에서만 논의하지 않고, 사회적 형평성과 정의 실현이라는 관점에서 구조적으로 해

---

[*] 김동춘, 《시험능력주의》, 창비, 2022, 347쪽.

김동춘의
《시험능력주의》

결하려고 시도한 것이 이번에 출간된 《시험능력주의》의
중요한 성과라고 하겠다.

큰 도가
무너지면

페이스북
2022.6.24.

"큰 도(道)가 무너지면 인(仁)과 의(義)를 강조하고, 교활한 지혜가 출현하면 큰 거짓과 꼼수가 판을 치며, 가족이 화목하지 못하고 분란이 일어나면 효성과 자애를 강조하고, 국가가 혼란스러우면 충신을 찾는다."

- 《노자》 18장

정의가 유독 강조되는 사회가 실제로 정의롭고, 공정을 내세우는 시대가 과연 공정할까? 현실은 그 반대인 경우가 많다. 1980년 광주의 민주 시민들을 학살하고 집권한 전두환 군부 쿠데타 세력이 정권을 찬탈하고 합법을 가장

한 정치를 시행할 때 만든 당의 이름이 '민주정의당'이었다. 가장 반민주적이고 부정의의 극치였던 군부 독재 집권 여당이 무엄하게도 민주와 정의의 탈을 뒤집어쓰고 민주공화국을 지키겠다고 '민주정의당'이란 간판을 달았다.

40여 년이 지나 정치군인들이 물러나고 안기부/국정원이 권력을 내려놓자, 이제 정치검찰이 권력을 독점하는 시대가 도래했다. 검찰은 제 식구는 마냥 감싸고, 밉보는 인사들에 대해서는 신상털기식 수사와 자의적 기소를 자행해 왔다. 급기야는 국민이 선출한 대통령의 임용을 받은 검찰총장이 자기의 직속상관이 될 법무부 장관 내정자가 마음에 들지 않는다고 국회의 장관 청문회 도중에 장관 내정자의 부인을 기소하고, 그 집을 집중적으로 수색하는 일까지 벌였다. 겉으로는 죄가 의심되니 영장을 발부받아 수색한 것은 '법대로' 한 것이라고 강변하지만, 이는 분명 자기를 임용해 준 대통령에 대한 하극상이며, 국회의 장관 임명 동의를 위한 청문회를 무력화하려는 사실상의 검찰 쿠데타를 벌인 것이라 할 수 있다.

이 검찰 쿠데타를 진두지휘한 검찰총장은 보수 기득권 카르텔을 유지하기 위해 뚜렷한 대안이 존재하지 않는 야당의 대통령 후보 자리를 넘보았다. 그러자 조중동을 비롯한 보수 언론이 적극적으로 여론을 조성하였고, 그의 지지율이 높아졌다. 이에 윤석열은 임기가 보장된 검찰총장직을 팽개치고 막바로 대통령 선거전에 뛰어들어 간발의 차이로 대통령에 당선되었다. 집권 이후 예상대로 자신의 충직한 심복을 법무부 장관에 임용하고, 대통령실과 국가 핵심 요직에 검찰 출신 인사들을 심었다. 옛날에는 나라가 혼란스러우면 충신을 찾았는데, 이 검찰 독재 정권은 자기 정권을 보위할 충견을 배치 완료했다.

비록 대통령 선거를 통해 합법적으로 집권했으나, 극우 보수 언론의 일방적인 여론 조성과 기득권 세력의 전폭적인 지원, 무능한 집권 민주당의 실정이 겹쳐 아슬아슬하게 0.73%포인트라는 박빙의 승리로 탄생한 윤석열 검찰 정권은 국정 운영에 대한 아무런 준비나 철학도 없이 즉흥적인 쇼맨십과 얄팍한 잔재주로 국정을 농단하고 있다. 민의에 따라 자연스러운 과정을 거쳐 집권한 정상적인 정권이 아니라, 기레기들이 조성한 편향적 여론의 도움으로 어쩌다 기득권층의 호랑이 등에 올라탄 신세라, 내치와 외교 및 국방 전반에서 설익은 정책과 실언으로 좌충우돌의 난맥상을 노정하고 있다.

이게 다 윤석열 정권이 모든 것을 정당한 절차와 방법으로 얻은 것이 아니라 우연히 편법으로 얻은 데서 빚어진 결과라 할 수 있다. 떳떳하고 큰길인 정치의 대도를 가지 않으니까 여러 문제가 발생하고 일이 꼬이는 것이다. 진정으로 정당성을 얻어 나라와 국민을 위한 올바른 길을 간다면 굳이 '법대로' 한다고 자꾸 변명하고, '공정'을 들먹거리지 않아도 될 것이다.

지도자가
바르지 않으면

페이스북
2022.8.19.

"지도자가 자신의 언행을 바르게 하면 굳이 명령을 내리지 않아도 행해지고, 자신이 바르지 못하면 아무리 명령을 내린다고 하더라도 따르지 않게 된다."

- 《논어》〈자로편〉 6장

지난주에 서울을 비롯한 중부지방에 폭우가 내려 주택과 도로가 물에 잠기고, 반지하에 살던 장애인 가족을 포함해 귀한 생명들이 목숨을 잃는 참담한 일이 발생했다. 언론에서는 수십 년 만의 수해로, 세계적인 기상 이변의 하나라고 했다. 최근 빈발하는 폭우와 태풍, 남북극 빙하와 만년설의 해빙 같은 기후 위기 현상은 이미 인류의 생존과 지구의 지속 가능성을 심각하게 위협하는 수준으로 악화하고 있다.

이러한 기상 재앙은 누가 초래한 것인가. 우리 인간들의 절제를 모르는 욕망 충족과 편리함 추구로 말미암은 에너지와 자원 낭비, 지속적인 탄소 배출이 초래한 자업자득이라 할 수 있다. 그래서 선견지명이 있는 환경보호 단체와 지각 있는 나라에서는 탄소 배출 감축, 핵 발전소 폐지, 자연에너지 활용 등의 대책을 마련하고 실행에 나서고 있다.

이러한 세계적인 기후 위기 상황에서 아무런 정책적 비전이나 대안도 없이, 오직 최고 권력 장악에만 성공한 어느 검찰 공화국의 수장은 폭우로 엄청난 피해가 예상되는 비상 상황임에도 불구하고 신속한 대응책을 마련하기는커녕 태연히 자기 집으로 퇴근했다. 이후 수해 현장을 찾아가서는 "퇴근하다 보니까 아파트 아래쪽이 물에 잠겼더라."라는 한가한 소리를 하고, 장애인 가족이 숨진 참사 현장에서는 쭈그리고 앉아 구경이나 하는 모습을 취해 국민의 공분을 샀다.

한 나라의 최고 지도자가 이 모양이니, 일선 공무원들도 긴장감과 책임 의식이 떨어져 자발적이고 선제적으로 대응하지 못하고 늑장을 부렸다. 정부가 대책이라고 내놓은 것이 공무원들의 출근 시간을 오전 11시로 늦추라는 것이었다니 기가 막힐 뿐이다. 이런 정신 상태가 만연되다 보니, 반지하에 고립된 가족을 구해 달라는 주민들의 신고가 여덟 차례나 있었음에도 경찰은 30분 뒤에, 소방관은 45분 뒤에야 도착해서 결국 모두 숨지는 비극이 발생한 것이 아니겠는가. 정부의 멀쩡한 위기관리센터와 재난안전상황실을 두고 자기 집으로 가서 전화로 지시하였다니, 말문이 막힌다.

나라의 최고 책임자는 먼저 자기 마음을 바로잡아 조정을 바로잡고, 조정을 바로잡은 뒤에 모든 관리를 바로잡는 법이다. 그런데 대통령이 된 자가 미국의 국회의장이 방한해도 휴가를 핑계로 만나지 않고, 산적한 현안이 쌓여 있는데도 한가한 나들이나 하며 여전히 해 오던 버릇대로 먹고 마시는 모습을 보여 주니, 이 물난리 속에서도 지방의회 의원들이 여행을 떠나는 일이 벌어진다. 최고 지도자가 자기 역할에 대한 책임감이 전혀 없이 바른

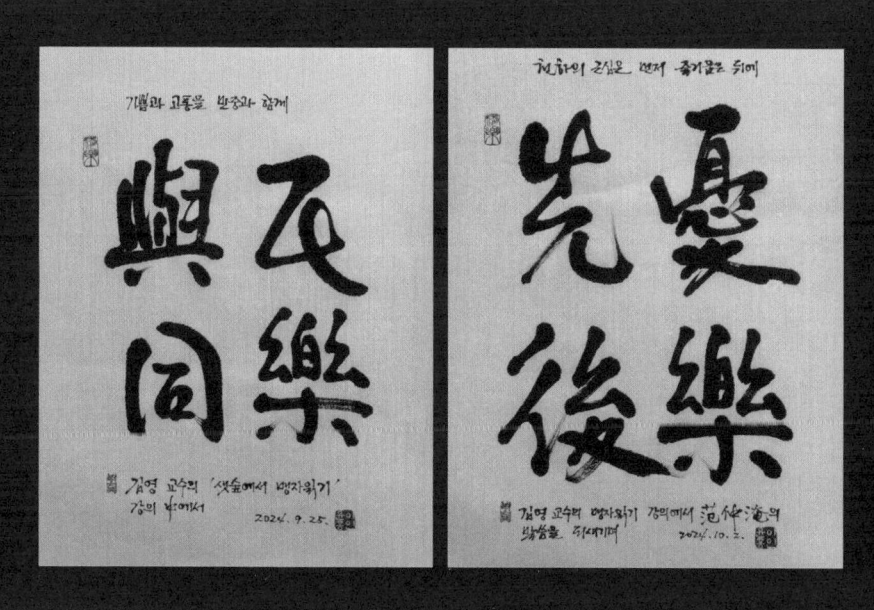

이윤홍 서예가의 '여민동락(與民同樂)', '선우후락(先憂後樂)'

언행을 보여 주지 않는데, 아래의 관리들이 기강이 풀어
져 국민의 안전을 소홀히 하는 것은 어쩌면 당연한 수순
이 아닐까.

　중국 북송 시대의 정치가 범중엄(范仲淹)은 무릇 올바
른 정치 지도자는 "백성의 즐거움은 나중에 즐기고, 백성
의 어려움은 먼저 근심한다(後樂民之樂, 先憂民之憂)."라고 한

바 있다. 기본적인 판단 능력조차 결여된 못난 지도자에게 이런 기대를 하는 것은 나무에 올라가 물고기를 구하는 일만큼이나 허망한 일이 아닐까.

국민은 지도자의 연출된 쇼가 아니라, 그의 구체적인 언행과 진정성에 주목한다. 그 말과 행동이 올바르지 않고 진정성이 없다면, 아무리 국정 홍보에 힘쓰고 언론을 동원해 잘못을 포장한다 해도 국민은 결코 믿지 않는다. 임기 초인데도 국정 지지율이 20%대로 떨어진 것은 자업자득의 당연한 결과이다. 백성의 신뢰를 상실한 정권이 과연 유지될 수 있을까.

쓸데없는 짓을
벌이지 말라

페이스북
2022.9.16.

"순리를 거스르면서 억지로 일을 하지 않으면 되지 않는 일이 없다. 그래서 천하를 얻어 경영할 때에는 티 내지 않고 자연스럽게 해야 한다. 억지로 일거리를 만들면 천하의 민심을 얻을 수 없다."

– 《노자》 48장

요즘 세상에는 하지 않아도 좋을 쓸데없는 명령이나 지시가 너무 많고, 사람을 피곤하게 하고 괴롭히는 압수 수색과 기소가 남발되고 있다. 기후 위기로 지구 생태계는 몸살을 앓고 있고, 사회경제적 양극화로 인해 가난한 사람은 더욱 위태로운 삶으로 내몰리고 있다. 지난번 홍수나 이번 포항 지역에 큰 상처를 남긴 힌남노 태풍 때도 가장 먼저 인명 피해를 당한 사람은 반지하에 거주하던 가난한 서민들이었다.

옛날 왕들도 정치를 할 때 제일 먼저 고아와 독거노인, 과부와 홀아비 같은 사회적 약자를 신경 쓰고 사회 안정 차원에서 이들을 우선적으로 배려했다. 그런데 이번에 집권한 검찰총장 출신의 윤가 정권은 오로지 '검찰의, 검찰에 의한, 검찰과 그 가족을 위한' 편향된 정치를 하고 있다. 서민과 노동자와 여성은 무시하고, 청년들의 일자리와 시민사회와의 협력은 내팽개치고, 오로지 부자 감세와 재벌 봐주기 정책을 펴면서 '기울어진 운동장'을 더욱 가파르게 만들고 있다.

그러면서 과거 MB 정권의 전철을 밟고 있다. 윤가 본인도 MB 때가 좋았다고 언명한 바 있지 않은가. MB 정권이 수천 년에 걸쳐 자연스럽게 형성된 멀쩡한 강을 마구 파헤쳐 보를 세워 녹조라떼 강을 만들었듯이, 윤가 검찰 정권은 멀쩡한 청와대를 팽개치고 안보의 중심인 국방부를 빼앗아 새로 대통령 집무실을 만들고, 외교 사절과의 회동을 위해 설계된 외교부 장관 공관을 약탈해 자기 내외의 거주 공간으로 만들면서 수백억의 국민 세금을 낭비하고 행정력을 소모했다. 출퇴근을 위해 매번 수백 명의 경찰이 동원되고 시민들의 출퇴근 길을 혼잡하게 만들었다. 뭐 하자는 짓인가.

백번 양보해서 '탈청와대'를 위해 이렇게 했다는 말을 수긍한다 하더라도, 정치는 똑바로 하고 있는가? 세계의 헤게모니를 둘러싸고 미국과 중국 간에 각축전이 벌어지고 있는 상황에서 일방적으로 미국 입장에 서면서 대중(對中) 수출이 급락하고, 원화 가치는 떨어지고, 물가는 폭등하고 있다. 이런 경제 문제에 더해 남북 관계에서도 강경 일변도의 정책을 펴, 긴장이 고조되고 국력 낭비는 심화하고 있다.

이런 상황에서 대통령 지지율이 폭락하는 것은 당연한 일이다. 윤가 정권은 검찰 정권답게 전가의 보도처럼 '공정과 법치'를 내세우면서, 수시로 정치적 반대자들을 상대로 압수 수색과 신상털기식 수사를 반복하고, 죄가 나올 때까지 끝없이 파헤치는 기우제식 검찰권 행사를 일삼고 있다. 이번 추석을 앞두고도 야당 당수를 대통령 선거

기간 중에 허위 사실을 공표했다는 죄목으로 기소했고, 그 배우자에 대해서는 법인카드 7만 8천 원 사용 혐의를 이유로 백여 차례 압수 수색을 벌이는 짓을 감행했다. 윤가는 자기 부인이 남의 논문을 표절해 박사 학위를 받고 허위 경력으로 겸임 교수를 한 사실이 드러났는데도 관행이라고 얼버무리고, 주가 조작의 증거가 확실한데도 기소 유예 처분을 하는 이중적 태도를 보이면서 말이다.

윤가 정권은 나라의 안위와 경제, 국민의 생활 안정보다 검찰 패밀리의 유지와 권력 독점에 집착하며 검찰과 감사원은 물론, 그간 국내 정치 개입을 자제해 왔던 국정원까지 동원하여 전 문민정부의 정책에 대한 감사와 압수 수색, 야당 정치인에 대한 수사와 기소를 남발하고 있다. 이런 편파적인 수사와 법 적용을 일삼으면서 '공정과 법치'를 말하니, 소도 웃지 않을 수 없는 지경이 되었다.

이렇게 쓸데없는 짓들을 벌이는 것보다는 차라리 아무 일도 하지 말고 어깨에 '대통령'이라고 적힌 견장을 달고, 조용히 자기 부인이 벌이는 패션쇼나 보면서 '대통령 놀이'에 빠져 지내는 것이 우리나라를 위해 더 낫지 않을까 싶다.

이태원 참사의 근원적 해결책,
퇴진이 추모다

페이스북
2022.11.11.

2014년 4월 16일 세월호 참사의 아픔이 채 아물기도 전에, 우리는 또다시 2022년 10월 29일 토요일 밤 159명이 목숨을 잃은 날벼락 같은 이태원 참사 소식을 들었다. 해상에서의 선박 침몰 사고도, 항공기 추락 사고도 아닌 서울 한복판에서 이렇게 많은 젊은이가 한꺼번에 압사당하는 대형 참사가 발생했다는 사실을 처음에는 도무지 믿을 수가 없었다. 육지에서 발생한 대형 압사 사고는 군중이 많이 모이는 경기장이나 유명 가수의 콘서트장에서 일어나는 경우가 대부분이었고, 길거리에서 수백 명이 압사하거나 다치는 경우는 매우 드물었기 때문이다.

2002년 월드컵 때는 수많은 축구 팬이 넓은 광장을 메우고 길거리 응원을 벌였음에도 단 한 건의 대형 사고 없이 축제가 마무리되었고, 6년 전 박근혜 적폐 정권 퇴진을 위한 촛불집회에는 백만 명이 넘는 시민이 모여 몇 달간 촛불행진을 했어도 평화로웠고 집회 후의 거리도 쓰레기 없이 깨끗했다. 이 정도로 우리 시민들의 의식은 높고 행동은 아름다웠다. 이런 나라에서 느닷없이 길거리 대형 참사가 일어나다니, 의문이 들지 않을 수 없었다.

참사 발생 후 하루이틀이 지나면서 이번 참사의 실체가 조금씩 드러났다. 국민의 생명과 안전에는 전혀 관심이 없고 자기들만의 권력 놀이에만 빠져 있는 윤석열 검찰 독재 정권의 무능하고 무책임한 행태가 참사의 근본적 배경임이 밝혀지고 있다. 국민으로부터 5년간 국가 운영의 총책임을 위임받은 자가 나라의 안녕과 평화, 민생과 복지 같은 산적한 국가 과제에 신경을 집중하지 않고, 어떤 수상한 술사의 말을 듣고 1조 원이 넘는 엄청난 국민 세금을 들여 대통령실을 용산의 국방부 청사로 옮기고, 외교부 장관 공관을 빼앗아 자기들 숙소로 사용하는 쓸데없는 짓을 했다.

외교는 엘리자베스 2세 여왕의 조문 외교 결례와 유엔 총회에서의 욕설 파문으로 국제적 조롱거리가 되었다. 국내 정치는 온 국민의 지혜를 모아 경제 위기를 해결하려는 노력보다는 국민 절반의 지지를 받는 야당을 탄압하고, 검찰의 충견들을 동원해 정권에 밉보인 사람들을 골라 편파적인 압수 수색과 기소를 남발하여 민심 이반을 자초해 왔다. 윤 정권이 하는 짓이 이렇게 편파적이고 몰상식하다 보니 여당이나 정부의 고위 공직자들이 자기 소임을 소신껏 처리하지 못하고, 핵심 장관의 눈치를 보고 대통령의 심기를 살피는 지경에 이르렀다.

이태원 참사가 일어나 생때같은 청년들이 숨졌음에도 정부는 진정으로 애통해하거나 유가족을 위로하지 않았고, 참사에 대한 사과는커녕 책임을 회피하기 위한 꼼수를 부리는 데 급급해하고 있다. 대통령은 위패와 영정도 없고, 조문을 받을 유가족도 없는 '사고 사망자' 분향소에 가서 매일같이 추모하는 모습을 매스컴에 노출하는 쇼를 연출하고 있다. 이번 참사의 직접적 책임자인 국무총리, 행정안전부 장관을 비롯한 경찰청장, 용산경찰서장, 서울시장, 용산구청장은 이번 참사가 철없는 젊은이들이 핼러

원 축제에 갑자기 많이 몰려서 일어난 사고이기 때문에 자기들은 책임이 없다는 듯한 면피성 발언을 뇌까리면서 어느 한 놈도 책임을 지겠다고 하지 않는다.

그러면서 참사자의 시신과 치료에 분초를 다투는 중경상자들을 가까운 서울 시내 병원으로 보내지 않고 수십 킬로미터 떨어진 경기도 지역으로 분산시키는 짓을 저질렀고, 희생자 명단을 확인하고 유가족의 목소리를 전하려는 기자들의 접근을 막았다. 이는 이번 참사를 '사고'라고 하고, 희생자를 '사망자'라고 하며, 검은 리본에 근조라는 표시를 못 하게 하라는 어처구니없는 지침을 내린 데서 분명히 드러나듯이, 참사의 원인을 은폐하고 자기들에게 돌아올 책임 추궁을 회피하려는 꼼수였다. 침사 희생자의 위패와 영정도 없고 유가족도 없는 허깨비 분향소에 매일 자기 처와 이번 참사의 직접적 책임자인 행정안전부 장관과 사진기자를 데리고 와서 쇼를 벌이는 것을 과연 진정성 있는 조문이라고 할 수 있을까.

깨어 있는 시민들은 이런 윤 정부의 음흉하고 허접한 관제 분향소 조문 방식과 조문 기간 설정에 상관없이, 젊은 생명들이 스러진 이태원 참사 현장을 찾아 국화를 바

이태원 참사 책임자 처벌 촉구(해방신학연구소 김근수 소장, 뉴탐사 최영민 기자와 함께)

치며 추모했다. 가슴 아픈 사연과 애도의 글을 종이에 적
어 이태원역 지하철 출입구의 벽과 거리 곳곳에 붙였고,
참사 일주일이 되는 11월 5일 저녁 세종대로에 모여 진정
한 추모는 책임자 처벌에서 시작된다고 하면서 '퇴진이

추모다', '윤석열은 퇴진하라'라는 피켓을 들었다.

윤석열은 이태원 참사 현장을 찾아 "여기서 그렇게 많은 사람이 죽었단 말이냐?"라고 하여, 세월호 참사 당시 박근혜가 했던 "학생들이 구명조끼를 입었다고 하는데 그렇게 발견하기가 힘듭니까?"라고 한 말과 같은 동급의 공감 능력 결여자임을 스스로 폭로했다. 국민의 슬픔과 고통에 무심한 공감 능력 결여자이자, 참사가 일어나도 어떻게 인식하고 대처해야 할지조차 모르는 지적 능력 결여자를 언제까지 참고 견뎌야 할까?

촛불시민들의 답은 "윤석열은 즉각 퇴진하라!"였다.

불공정, 불통, 불신의 정권

《민들레》
2022.11.25.

윤석열 검찰 독재 정권의 불공정

그리스 로마 신화에 나오는 정의의 여신 디케는 왼손에 저울을, 오른손에 칼을 들고 있다. 저울은 법 적용의 형평성을, 칼은 정의로운 법 집행을 상징한다. 그런데 윤석열 대통령의 심복인 한동훈 법무부 장관은 편파적으로 법을 적용하여 '유권무죄(有權無罪), 무권유죄(無權有罪)'라는 말이 유행할 정도다. 권찰 권력의 패밀리에게는 엄청난 범죄 혐의와 명백한 증거가 있음에도 불기소, 기소유예 처분을 내리고, 야당이나 정치적 반대자에게는 기우제식 수사와 별건 수사를 통해 죄를 만들어 교활한 법망으로 얽어매는 것을 보면, 정의와 공정은 허울이고 실제는 불공정하고 불의하게 법을 운용하고 있음을 알 수 있다. 이제 검찰의 칼끝은 국민 절반의 지지를 받고 있는 야당 대표의 목을 겨누고 있다.

정의의 여신 디케가 왼손을 높여서 저울을 든 것은 밝음과 생명의 영역인 왼쪽을 중시해서 정의와 균형의 상징인 저울을 배치한 것이고, 오른손에 칼을 든 것은 말과 순리로 해결되지 않을 때는 부득이하게 강제적인 법 집행을 하겠다는 의미가 아닐까. 디케가 눈을 가리고 있는 것은 사람의 빈부와 귀천을 보지 않고, 내 편 네 편을 가르지 않고 편견과 사심 없이 공정하게 대하겠다는 의미일 터인데, 윤석열 정권은 검찰을 자기 호위 무사로 삼고 있는 듯하다. "사건을 잘 파면 명예를 얻고, 사건을 잘 덮으면 부를 얻는다."라는 말이 나올 정도로 부패했다. 자기가 미워하는 사람은 무차별적으로 수사하고, 자기 가족이나 친척, 부하와 지인은 알뜰하게 챙기는 불공정하고 편파적인 수사를 일삼는 검찰 조직은 윤석열 스스로가 언명한 것처럼 '깡패'임에 틀림없다. 오죽하면 지금 검찰은 '허가받은 범죄 조직'이라는 비판을 받을까.

만물이 극성하면 쇠퇴하고, 달이 꽉 차면 기울기 시작하듯이, "옳고 그름을 떠나서 검사는 조직의 뜻을 따라야 한다."라고 주장한 검찰 지상주의자 윤석열은 집권한 지 고작 6개월 만에 벌써 거센 국민의 저항과 징계에 직면해 있다.

국민들과 소통할 줄 모르고 언론을 홍보 수단으로 아는 불통 정권

나라는 공권력이 아니라 예와 덕으로 다스려야 한다고 강조한 공자는 정치에서 가장 먼저 해야 할 일은 이름을 바로잡는 것이라고 했다.

"이름이 바르지 못하면 말이 순통(順通)되지 못하고, 말이 순통되지 못하면 일이 이루어지지 못하고, 일이 이루어지지 못하면 예악(禮樂)이 진흥되지 않는다. 예악이 진흥되지 않으면 형벌이 알맞지 않게 되고, 형벌이

69

알맞지 않게 되면 백성들이 손발을 둘 곳이 없어진다.”
—《논어》〈자로편〉 3장

정치는 잘못된 것을 바로잡는 것이 우선이다. 임금이 임금답지 않게 간신배들에 둘러싸여 사슴을 말이라고 해도 분간하지 못하고, 신하들이 권력과 돈에 취해 국가를 흔들고 있다면, 그런 무도하고 비정상적인 정치 상황을 바로잡는 것이 그 나라의 가장 중요한 과제가 된다.

공자의 제자 자로(子路)가 국정 수행에서 최우선으로 해야 할 과제가 무엇이냐고 묻자, 공자는 역시 '이름을 바로잡는 것[正名]'이라고 말한다. 이름이 바르지 않으면 개념의 혼동이 일어나 의사소통이 제대로 이루어지지 않고, 의사소통이 잘 안되면 일이 어그러지기 때문이다.

윤석열 정권은 대통령 집무실을 청와대에서 용산으로 옮긴 이유가 국민과 가까이 있기 위해서라며, 매일 출근할 때 '도어스테핑'이라는 약식 회견을 하겠다고 약속했다. 그러나 자기가 뉴욕에서 한 비속어 파문에 대해 사과하기는커녕, 이를 보도한 MBC가 "동맹을 이간질하고 난동에 가까운 행위"를 했다는 적반하장에 가까운 언사를 내뱉고, 이를 따지는 기자에게 예의와 버릇이 없다고 비난하면서 돌연 약식 회견 중단을 선언했다. 그동안의 출근길 '도어스테핑'도 말이 약식 회견이지, 일방적인 주장과 자기 자랑 일변도의 홍보 자리로 변질되어 국민과의 진정한 소통과는 거리가 멀었다.

진정한 소통은 자기 눈으로 보는 것이 아니라 국민의 눈으로 보고, 자기가 하고 싶은 말을 하는 것이 아니라 국민의 목소리를 듣는 것이라는 선현들의 가르침과는 정반대의 길을 가고 있다.

부끄러움을
모르는 사람

페이스북
2022.12.9.

"사람을 사랑해도 친해지지 않으면 그 사랑하는 자세를 돌아보고, 사람을 다스려도 다스려지지 않으면 그 다스리는 방법을 반성하고, 사람에게 예를 표해도 답례하지 않으면 그 공경하는 태도를 돌아보아야 한다."

– 《맹자》 〈이루 상편〉

어느 나라에 윤 모라는 사람이 권좌에 오른 지 7개월이 되었지만, 국민의 지지율은 20~30%에 그치고 있다. 국정과 외치 중 어느 것 하나 제대로 하는 게 없고, 나라의 평화나 국민의 안정된 생활은 안중에도 없다. '자유'와 '법과 원칙대로'라는 공허한 구호만 늘어놓고, 생존과 안전을 위해 파업에 나선 화물 노동자들에게는 대화와 협상의 문을 닫은 채 업무에 복귀하라는 '명령'만 내리고 있다.

윤 모 검찰 독재 정부의 공직자들은 대통령부터 심복인 한 모 장관까지, 자신들이 국민으로부터 한시적으로 위임을 받은 공직자임을 망각한 듯하다. 자기들이 한 비속어와 천박한 행동을 반성하기는커녕, 이를 그대로 보도한 언론을 향해 국익을 해치는 '악의적인 보도'를 하고 있다며 적반하장 격으로 으름장을 놓고, 자신들의 자의와 편의에 따라 해석하고 적용하는 '검찰 고유의 법'에 따라 엄벌하겠다고 경고한다.

기가 막힌다. 국민과 가까이에서 소통하겠다는 명분으로 집무실을 용산으로 옮겨 놓고 출근길 약식 회견을 최대의 자랑거리로 홍보하더니, 정작 기자들의 질문에는 동문서답하거나 아예 답변하지 않고 도망치듯 피하면서 질문한 기자가 '난동'을 부렸다고 왜곡한다. 권력을 감시하고 비판하는 것은 민주 사회 언론의 사명이며, 국민의 궁금증을 대신 질문하는 것은 기자들의 임무이다. 그런데 윤 모 정부 사람들은 말로는 '자유'를 떠들지만 실제로는 국민의 입을 틀어막고, 자신들에게 아첨하는 언론은 따로 불러 간담회를 했다. 그들에게 비판적인 기사를 쓰는 언론사 기자들은 해외 순방 시 비행기에도 동승시키지 않고 노골적으로 차별하는 유치한 언론 길들이기 작업을 감행하고 있다.

그들이 말하는 '공정'의 실질은 검찰 패밀리에게는 명백한 증거가 있는데도 봐주고, 검찰 권력의 눈 밖에 난 사람들의 잘못은 깃털처럼 가벼워도 엄벌로 다스리는 '불공정'이다. 그들이 말하는 국민과의 '소통'은 국민의 목소리를 듣는 것이 아니라, 일방적인 홍보와 변명으로 점철된 '불통'에 가깝다. 그러니 이 윤가 정권은 집권한 지 채 1년도 되지 않아 민심을 잃고 불신을 당하며 역대 대통령 중 가장 무능하다는 평을 듣고 경멸을 받는 것이다. 민주주의 국가의 정상적인 지도자다운 면모를 도무지 찾아볼 수 없고, 일반 국민의 기본적인 도덕 감각에도 한참 못 미치는 행태만을 보여 주고 있다.

양식 있는 보통 사람이라면 위에서 맹자가 말한 대로, 자신의 언행이 남에게 아무런 긍정적 영향을 미치지 못하면 스스로 반성하고 성찰할 줄 안다. 그러나 이 윤가 정권의 사람들에게서는 일말의 반성과 성찰조차 찾아보기 어렵다. 천박한 언행으로 파문이 일고, 어설픈 외교로 국제적 비웃음을 받아도 그 죄를 언론에 뒤집어씌우고, 이태원에서 생때같은 청년들 159명이 참사를 당했는데도 위로와 사과는커녕 책임 회피와 변명만 늘어놓는다. 윤가 정권의 책임자들은 생명에 대한 존중도 없이 대책도 수립하지 않고, 책임을 전가하고 파문을 줄이는 데만 신경을 썼다. 참사 유가족들을 갈라놓아 동병상련의 슬픔을 나눌 기회를 박탈하고, 슬픔과 고통을 가중시켰다. "이게 나라냐." 하는 탄식이 절로 나온다.

이 추운 겨울날 전국 곳곳에서 촛불을 든 시민들이 모여 '윤석열 퇴진'을 외치게 된 것은 윤 모 검찰 독재 정권이 자초한 것이니 누구를 탓하겠는가. 하늘이 내린 천재(天災)는 체념이라도 할 수 있을지 몰라도, 권력을 가진 자들의 책임이 명백한 인재(人災)는 결코 피해 갈 수 없다. 10월 29일 이태원 참사로 희생된 영혼들을 진정으로 추모하기 위해서라도 최고 권력자에 대한 책임 추궁은 불가피할 것이다.

명령 과잉과
압수 수색 전성시대

《민들레》
2022.12.16.

근년 세계적으로 경제·문화 강국으로 평가받는 대한민국에 또다시 불길한 먹구름이 드리우고 있다. 1987년 박종철과 이한열 두 열사의 희생과 시민들의 민주항쟁으로 절차적 민주주의가 제도화되고, 6년 전 촛불혁명으로 박근혜 정권을 퇴진시켰을 때만 해도 이제 민주주의가 크게 동요되는 일은 없을 것이라 낙관했다. 그러나 촛불시민들의 열망을 사회 개혁의 계기로 삼지 못하고 우유부단한 정책으로 적폐 청산에 실패한 문재인 민주당 정부는 어설프게 검찰 개혁을 진행하다가 윤석열 검찰총장에게 되치기를 당해, 결국 합법적인 외피를 두른 검찰 독재 국가의 길을 열어 주게 되었다.

수구 보수 지배 집단의 수호자임을 자처하면서 민주당 정권의 무능함을 공략해 정권을 잡은 윤석열은 국정 운영에 대한 준비가 전혀 되어 있지 않았다. 윤석열은 한 나라의 지도자로서의 식견과 자질이 부족해, 지난 7개월 동안 어처구니없는 시행착오를 저질러 국민을 실망시켰다. 최근에는 외교 참사에 이어 제왕적 언행과 언론 탄압, 노동자의 생존권을 무시한 일방적인 행정명령 발동 등으로 국민의 빈축을 샀다. 국정 신뢰도와 지지율이 곤두박질치는 가운데, 10월 29일 159명의 젊은 생명이 희생된 이태원 참사까지 초래하여 국민의 생명과 안전 보호라는 기본적인 국정 수행 능력마저 의심받게 되었다.

이렇게 사정이 악화되자 윤 대통령과 핵심 참모인 한동훈 법무부 장관은 명령을 남발하고 그들의 장기인 고소 고발과 압수 수색을 밥 먹듯이 하고 있다. 화물연대 노동자들이 생존과 안전 운행을 위한 파업에 나서자, 합리적으로 해결하려는 노력은 하지 않고 이런 파업은 '북핵 위협'과 마찬가지라는 폭언을 하면서 노동자들에게 일방적인 복귀 명령을 내렸다. 또 자기의 심복 한동훈 장관이 시민언론 '더탐사' 기자들의 방문 취재를 주거침입 및 스토킹법 위반으로 고발하자, 윤 대통령은 직접 나서서 "법을 제대로 지키지 않으면 어떤 고통이 따르는지 보여 줘야 한다."라는 섬뜩한 보복성 발언까지 했다. 이러한 든든한 뒷배를 둔 한동훈 장관은 자기가 국민의 공복으로서 투명한 감시 대상이라는 사실을 망각한 듯, 자신의 차량을 따라오며 취재한 더탐사 기자를 스토킹 혐의로 고소하고, '청담동 술자리' 의혹을 보도한 더탐사 기자는 물론, 국회에서 사실 여부를 물었던 김의겸 의원까지 고소하며 10억 원의 손해배상 청구 소송을 냈다.

최고 권력자인 대통령의 명령이 남발되고, 공정한 법 집행을 책임져야 할 법무부 장관이 사적인 문제를 가지고 수시로 고소 고발에 나서자, 수사기관들은 알아서 신속하고 과도한 압수 수색을 집행하는 일이 빈번해지고 있다. 바야흐로 명령 과잉 시대, 압수와 수색이 수시로 벌어지는 검찰 공화국 시대가 도래했다. 마치 지난 군부 독재 시절의 긴급조치와 명령 남발을 다시 보는 것 같다. 자기들의 심기를 거스르는 언론과 행위에 대해서는 온갖 법률을 동원해 얽어매어 고소 고발하고, 전광석화같이 영장을 집행하고 기소한다.

　요즘 한동훈 장관의 고소 고발 행위를 보면서 지난 유신 독재 시절의 긴급조치령과 무리한 법 적용을 풍자한 김지하 시인의 〈비어(蜚語)〉라는 시가 떠올랐다. 시골에서 올라온 청년이 살기가 너무 힘들어 "이 개 같은 세상"이라고 한마디했더니, "두 발로 땅을 딛고 아가리로 유언비어를 뱉어 낸 무허가 착족죄, 유언비어 살포죄, 제가 뭔데 육신휴식죄, 못난 놈이 사유시간소비죄, 불온하게 흉곽팽창죄, 혹세무민적 유언비어 사출죄, 동 사상보지죄, 동 발음죄, 축생적 조국비유죄, 사회불안조장 급 사회불안조성죄, 반체제의식죄, 이심전심적 반국가단체 조직 가능죄" 등등 온갖 죄를 다 뒤집어씌운다.

　이렇게 고소 고발을 남발하고 온갖 죄를 얽어매기 좋아하는 검찰 권력의 나쁜 습관이 21세기 오늘날 되살아날 줄은 미처 몰랐다. 이렇게 자의적으로 법을 적용하고 월권적으로 해석하는 한 장관은 이번 10월 29일 이태원 참사 유가족들에게 마약 부검을 제의한 검사를 두둔하면서, "돌아가신 분들의 억울함을 풀어 드리기 위해 사인을 명확히 규명하기 위한 준사법적 절차를 진행한 것으로, 특별히 문제가 있었다고 생각하지 않는다.”라고 뇌까렸다.
한 장관이 자기 자식이 참사를 당했는데 검사가 찾아와
서 마약 검사를 위해 부검하자고 한다면 과연 승낙할까.
승낙한다면 비정한 인간이고, 거절한다면 공과 사가 다른
위선자일 것이다.

조성민의《정의는 도도하게 흐르는 강물처럼》을 읽고

페이스북
2022.12.24.

2022년 12월 24일, 윤석열 퇴진을 외치는 촛불행동 전국 집회에 참여하기에 앞서 한국교원대학교 명예교수이신 조성민 교수님을 만났다. 그 자리에서 교수님의 학문 여정, 인권과 정의에 대한 생각을 담은《정의는 도도하게 흐르는 강물처럼》(좋은땅, 2021)을 전해 받았다.

나는 최근 조 교수님께서 페이스북에 쓰신 글들을 관심 있게 보면서 교수님의 현실 비판적 사회의식과 정의감이 어떻게 형성되었는지 궁금했는데, 이 책을 읽어 보니 이해가 되었다.

이 책의 1부에는 인권과 정의를 위한 조 교수님의 공부

과정과 힘겨웠던 유학 생활이 담겨 있다. 중고등학교 시절 어려운 환경 속에서 공부하며 정의감이 싹터, 고등학생 때는 〈조국의 현실과 우리의 자세〉라는 글을 교지에 발표하기도 했다. 사회의 근본 문제를 탐구하기 위해 철학과에 진학한 뒤, 더 깊이 있는 공부를 하고자 미국 뉴욕 주립대학교(버팔로)로 유학을 떠났다. 벼룩시장과 청과물 시장에서 아르바이트를 병행하며 고생 끝에 박사 학위를 취득한 후 귀국해 한국교원대학교에서 정년 때까지 꾸준히 교육과 연구 활동에 매진하셨다.

2부에는 정의와 인권에 대한 조 교수님의 사유를 담아낸 진솔한 글들이 실려 있다. 조 교수님은 고등학교 시절 김대중 대통령의 "행동하는 양심이 되라."라는 말씀에 깊은 감명을 받은 뒤, 줄곧 인권과 양심 문제에 관심을 가져왔다고 한다. 박사 학위 논문의 주제 역시 권리의 근거에 관한 것으로 삼았다.

조 교수님은 우리 사회를 온전한 민주 사회로 만들어 나가야 하는데, 그것이 쉽지 않은 이유는 아는 것을 행동으로 옮기기를 주저하고, 내가 사회 문제 해결에 직접 나서지 않아도 남이 해 주겠지 하며 방관하거나 행동에 소극적인 사람들이 많기 때문이라고 말한다.* 불의가 있을 때 모르는 체하거나 다른 사람이 대응하겠지 하며 방관해서는 정의가 실현되기 어렵다. 사회 구성원 중에는 권리만 누리면서 자신이 이행해야 할 의무를 무시하는 무임승차자(free rider)가 있다. 조 교수님은 자신의 의무를 이행하지 않은 사람은 다른 사람에게 그것을 이행하라고 요구할 권리도 자격도 없다고 비판하신다.**

정의로운 사회가 되기 위해서는 사회 제도를 규율하는 규칙이 우선 공정해야 하고, 그 적용 또한 공정해야 한다. 인권 역시 모든 사람이 차별 없이 누구나 똑같이 누린다는 점에서 공정성이 중요하다.*** 그런데 요즘 우리나라의 지도층은 정의나 공정성보다 자신의 탐욕에 매몰되어 제 역할을 저버리고 있다. 이는 정말 심각한 문제이다.

조 교수님의 말씀처럼 정의의 길은 결코 순탄하지 않다. 그러나 그 길은 바른 생각을 하는 사람들이 가야 할 길

---

* 조성민, 《정의는 도도하게 흐르는 강물처럼》, 좋은땅, 2021, 93쪽.
** 위의 책, 127쪽.
*** 위의 책, 129쪽.

조성민 명예교수와 필자

이다. 요즘 우리 주위에서 욕망의 유혹을 이겨 내지 못해
그동안 쌓아 온 명망을 허무하게 무너뜨리는 사람들을 본
다. 반면에 명망이 있는 사람이 아닐지라도 인권을 침해
받고 고통받는 이들을 위해 헌신적으로 일하는 사람들도
있다. 민주 시민 중에는 불의를 참지 못하고 사회 정의를

위해 자신의 생명과 안전의 위협을 무릅쓰고 싸우는 사람도 있다.*

조 교수님은 우리 사회가 우여곡절이 많지만, 그런 가운데서도 시민들의 인권 의식이 차츰 높아지고 정의 사회에 대한 열망도 강해지고 있다고 본다. 이 책을 읽은 나 역시 그런 희망을 품고 용기를 내게 된다.

* 조성민, 《정의는 도도하게 흐르는 강물처럼》, 좋은땅, 2021, 278쪽.

2부

2023년
다시 촛불을 들고 거리로

다시 촛불을 들어야 하는 이유

《민들레》
2023.1.6.

문재인 민주당 정부는 촛불시민들이 권력을 쥐여 주었고, 모든 법을 제정할 수 있는 180석의 국회의원을 가졌음에도 검찰·언론 개혁을 비롯한 사회 개혁을 끝내 이루어 내지 못했다.

김동춘 교수가 근저 《고통에 응답하지 않는 정치》(사계절, 2022)에서 명쾌하게 지적했듯이, 개혁은 반공자유주의가 길러 낸 보수 일변도의 언론 지형, 기본적으로 보수적인 행정 관료 집단, 수구 세력의 방패막이 검찰과 사법부의 노골적인 개혁 방해, 교수·의사·변호사 등 전문직 이익 집단의 저항, 보수 성향의 종교 집단, 성장주의와 물질주의에 사로잡힌 국민 의식 때문에 좌초되었다. 그 결과 권력은 어처구니없게도 검찰 지상주의자 윤석열과 기득권 수호 패거리들의 손아귀로 넘어가고 말았다.

윤석열은 "가난한 사람들은 자유를 모르지만, 불량식품이라도 선택할 수 있는 자유는 줘야 한다."라며 노골적으로 계급 차별 의식을 드러냈다. 윤석열이 입에 달고 다니는 자유는 가진 자들의 자유를 말한다. 사용자가 노동자를 마음대로 해고할 수 있는 자유, 검찰이 야당과 언론과 비판 세력을 마음대로 압수 수색하고 기소할 수 있는 무소불위의 자유 말이다.

지금 우리나라의 민주주의는 후퇴하고 있다. 법무부 장관 자리에 있는 자가 자신을 취재하려는 기자들을 상대로 고소를 남발하는 사태에서 보이듯, 우리 사회를 소송 만능주의의 과잉 법률 사회로 만들어 혼란한 지경에 빠트리고 있다.

최근 윤석열은 보수 세력을 결집하기 위해 생존권을 지키려 투쟁하는 노동자들의 파업이 북한의 핵 위협과도 같다는 섬뜩한 발언을 한 데 이어, 북한 무인기의 남쪽 비행 금지 구역 출현에 대해 확전도 불사하라는 명령을 내렸다. 그저께는 남북의 우발적인 군사 충돌을 막기 위해 2018년에 체결한 9·19 군사합의의 효력 정지를 검토하라는 지시까지 내렸다. 연이은 외교 실패와 실정을 덮으려는 강경 발언과 '전쟁 불사'라는 위험천만한 언사와 폭정을 보자니 도저히 가만히 있을 수가 없었다.

필자는 오랫동안 강단에서 후학을 양성하는 교수 생활을 하며 비교적 안정된 생활을 해 왔다. 그러나 '독서불망구국(讀書不忘救國: 책을 읽되 나라 구하는 것을 잊지 않는다)'이라는 선현의 가르침에 따라, 나라가 어지러운 역사적 격동기에는 책을 덮고 민주 광장으로 나가 학생들, 민주 시민들과 함께 집회하고 거리를 행진했다. 1987년 박종철과 이한열 두 대학생의 죽음을 보고는 그냥 연구실에 머물러 있을 수 없었고, 2014년 세월호 참사와 2016~2017년 적폐 정권 탄핵 집회 때도 광화문과 파리 트로카데로 인권 광장에서 피켓을 들었다.

그런데 한국의 민주화 과정은 참으로 순탄치 않아, 또다시 수구 보수 기득권 집단은 아무런 준비가 되어 있지 않은 검찰주의자를 대통령으로 만들었고, 자신들의 이익과 기득권을 수호하려고 철 지난 국가보안법을 다시 꺼내

들며 군사 독재 시절의 권위주의적 통치와 언론 탄압을 재현하고 있다.

결코 용납할 수 없다. 우리가 어떤 국민인가. 1894년 동학농민혁명 때는 반봉건·반제국을, 1919년에는 대한 독립 만세를, 1960년에는 민주주의를 외쳤고, 1980년 광주 민중항쟁 시에는 군부 독재에 피로써 항거했고, 1987년에는 대통령 직선제를 쟁취했으며, 6년 전에는 촛불시민의 단결된 힘으로 피 한 방울 흘리지 않고 적폐 정권을 몰아내지 않았던가.

현재 윤석열 정권의 권위주의적 정치 행태와 강경 일변도의 남북 관계 대응 방식은 과거 군부 독재의 그것과 별 차이가 없다. 한동훈을 정점으로 하는 정치검찰의 전방위적 압수 수색과 기소 남발은 군사 독재 정부의 보안사와 국정원을 연상시킨다. 이들은 주권자인 국민을 무서워하거나 역사의 심판을 두려워하지 않고 그들만의 자의적 법해석과 법 적용으로 자유 언론과 민주주의를 말살하려 하고 있다.

그러나 '권불십년(權不十年)'이고, 대통령 임기는 5년에 불과하다(추기: 윤석열 정권은 3년도 유지되지 못했다). 역사는 잠시 퇴행하기도 하지만 우여곡절을 겪으면서도 조금씩 앞으로 나아가며, 정의는 반드시 승리하게 마련이다. 윤석열 검찰 독재 정권은 강경한 발언을 하고 힘이 있는 척하지만, 사실 이것은 정당성과 자신감의 결여에서 비롯된 것이다. 멀리 보면 거대한 장강의 물결을 일시적으로 거스르는 역류에 불과하며, 민의의 도도한 물결이 역류를 다시 바로 흐르게 할 것이다.

노무현 대통령의 말처럼 민주주의 최후의 보루는 깨어 있는 시민들의 조직된 힘이다. 우리가 불의를 방관하면 우리와 후손들은 검찰 독재자들의 노예가 될 것이고, 우리가 민주주의를 지키겠다는 결연한 의지로 저항하고 다함께 촛불을 켠다면 어둠의 세력은 물러가고 우리 후손들은 자유 시민으로 살아갈 수 있을 것이다.

기죽지 말라는
우리 시대 어른의 목소리

《민들레》
2023.2.17.

노동자가 살기 힘든 세상

우리나라는 1987년 민주화운동을 통해 선거에 의한 정권 교체라는 절차적 민주주의와 부르주아 시민권을 어느 정도 확보하였다. 하지만 1990년대 후반 외환 위기와 신자유주의의 거센 물결이 엄습한 이래, 사회경제적 양극화는 심화하고 기층 노동자와 사회적 약자의 삶은 더욱 힘들어졌다. 이런 문제를 해결해야 할 정부가 그 역할을 다하지 못하면서 청소년과 노인의 자살률은 세계 최고 수준을 기록하고, 경비와 인건비 절감을 우선하는 경영 방침에 따른 안전시설 미비로 인해 하청 노동자들이 산업재해로 끊임없이 목숨을 잃는 사회가 되었다.

이명박과 박근혜가 집권한 수구 보수 정권에서는 더 말할 것도 없고, 민주 정부라고 하는 정권들에서조차 노동자의 안전과 권리 신장, 사회 복지는 그리 나아지지 않았고, 여전히 대기업 친화적인 성장 정책을 펴느라 사회적 격차는 좀처럼 줄어들지 않았다. 윤석열 정권이 들어선 이후 부자 감세와 기업 편들기 정책은 더욱 노골화되어, 노동자를 적대시하고 노노 갈등을 부추기는 노동 개혁을 추진함에 따라, 노동자의 삶은 더 위협받고 사회적 약자들은 막다른 골목으로 내몰리고 있다.

헌법이 보장한 노동 3권 가운데 하나인 단체행동권을 합법적으로 행사하여 파업을 하더라도, 파업 기간에 발생한 손실을 노동자에게 청구할 수 있도록 한 손해배상법인 노동조합법 2·3조의 개정도 기업 편에 선 정부와 여당의 반대 그리고 보수 중도층의 눈치를 보는 야당의 소극적인 태도로 난항을 겪고 있다. 윤석열 정권은 정규직 노동자와 비정규직 임시 노동자를 갈라치기 하면서 대기업 노조는 귀족 노조라고 낙인찍고, 비정규직 노동자가 산재를 당하는 것은 개인의 주의 소홀 때문이며, 그들이 가난한 이유는 노력과 능력 부족 때문이라고 비정하게 몰아치고 있다.

노동자들의 든든한 버팀목, 백기완 선생

난세에는 따를 수 있는 참된 지도자를 기대하고 죽을 때에는 어머니를 찾듯이, 지금 벼랑 끝에 내몰린 노동자들은 언제나 그들의 손을 잡고 우렁찬 목소리로 "기죽지 마라!"라고 격려하던 백기완(1933~2021) 선생을 그리워하였다. 지난 2월 11일 마석 민주유공자 묘역에서 열린 백기완 선생 2주기 추모식에 많은 노동자가 모인 것은 백 선생이야말로 진정한 노동자의 벗이자 의지처였기 때문일 것이다.

윤석열은 검찰총장을 지내다가 보수 기득권층을 묶을 마땅한 대통령 후보자가 없자, 보수 언론의 여론 조작과 수구 기득권층의 묻지마 지지 그리고 민주당 정권의 무능을 틈타 아무런 준비 없이 졸지에 최고 권력자 자리에 올랐다. 내치와 국방, 외교, 경제와 민생 전반에서 상식 이하의 난맥상을 노정하고 있는 윤석열 정권 아래에서 민중의 삶은 더 피폐해지고 노동자가 겪는 고통은 더 커질 수밖에 없다.

백기완 선생은 평생 민주주의를 위해 싸운 민중·민주 운동가이자 민족 통일을 이루고자 했던 통일운동가였다. 돌아가시며 남기신 마지막 글이 "노동해방"이었을 정도로, 노동자의 생명과 인권 존중, 노동자의 자유롭고 평등한 삶을 위해 투쟁하신 노동자들의 소중한 어른이셨다. 1960년 4·19 혁명 이후 존경하는 선배 장준하 선생과 함께 재야 민주화운동의 선봉에 섰고, 1964년에는 한일 협정에 반대하는 6·3 항쟁에 나섰으며, 1969년에는 삼선 개헌 반대 투쟁을 하셨다. 1971년에는 유신헌법 반대 개헌 청원운동을 하는 등 반민주 독재 정권에 맞서다 옥고를 치렀고, 1986년에는 부천경찰서 성고문 사건 진상 폭로대회를 주도하다가 또다시 투옥되셨다. 1987년 박종철·이한열 열사의 억울한 죽음에 항의하는 민주화운동에 나섰고, 1987년과 1992년에는 독자적인 민중 후보로 추대되어 대통령 선거에 출마하기도 했다.

1960~1980년대에 줄곧 민주·통일운동에 헌신했던 선생은 1990년대에 금융 위기와 신자유주의의 엄습으로 노동자들이 무자비하게 해고되어 길거리로 내몰리고, 사회 경제적 양극화가 심화되자 본격적으로 노동해방운동에 주력하였다. 물론 세월호 참사 때는 유가족과 함께했고, 2016년 겨울에는 박근혜 국정농단 세력을 축출하기 위해 촛불시민들과 함께 광화문광장에서 찬바람을 맞았다.

격동의 시대 군부 독재에 대한 항거와 냉전 분단 체제에 대한 저항은 점차 참혹한 노동 현장으로 그 무게 중심이 옮겨졌다. 노동자들이 투쟁하는 곳에는 언제나 백기완 선생이 계셨다. 전노협과 한진중공업 투쟁, 기륭전자 투쟁, 용산참사와 쌍용차 투쟁, 콜트콜텍과 희망버스 투쟁, 유성기업 투쟁 현장에서 김진숙 지도위원, 김용균 노동자의 어머니, 이한빛 노동자의 아버지와 함께하셨다.

함께 잘 사는 '노나메기' 세상

노동자들의 투쟁 현장에 늘 함께한 백기완 선생의 꿈은

너도 일하고 나도 일하고 너도 잘 살고 나도 잘 살되, 올바로 잘 사는 '노나메기 벗나래'(서로 나누어 먹으며 사는 평등한 세상)였다.

문학은 진정 사람의 예술이기에, 거기에는 사람이 할 수 있는 일의 최고 형태인 정치적 요구가 문학적으로 수용되고 승화되어 있어야 한다고 믿었던 우리 시대의 참어른 백기완 선생의 2주기를 추모하면서, 선생이 우리 젊은이들에게 남기신 시를 읽어 본다.

젊은이여, 모래는 그것을 움켜쥐면 쥘수록
도리어 손아귀에서 다 빠져나간다는 것을 아는가.
하지만 말일세, 망치와 쟁기는 그것을 움켜쥘수록
힘이 가나니.

젊은이여, 그대들의 손아귀에 무엇이 쥐어지고 있는가.
명예? 돈? 권력? 안정? 고수준의 수입?
아닐세. 그것들은 움켜쥐면 쥘수록
그대들의 손아귀를 빠져나가는 모래, 허무라.

백기완 선생과 따님 백원담 교수와 함께

야망보다는 이상, 삶보다는 역사적 실천.

그 실천을 위한 '알기'(주체)가 되어 뚜벅뚜벅

이 썩어 문드러진 세계를 가로지르시라.

– 백기완, 〈젊은이여〉

국민주권의 원칙을
재확인하고 행동할 때

《민들레》
2023.3.10.

윤 정권의 심각한 반민주·반민족적 행태

취임 10개월 동안 내치와 외교에 실패하고, 검찰권을 자의적으로 행사해 노동자의 권리와 언론 자유를 탄압하고, 정적 제거에만 몰두하여 검찰 독재 시대를 연 윤 대통령이 삼일절 기념사에서 또다시 망언을 내뱉었다. 우리나라는 세계사의 변화에 제대로 준비하지 못해 국권을 상실하고 고통을 받았다는 친일 식민사관에 동조하면서, 앞으로 일제 침략의 과거 잘못을 묻지 말고 한·미·일 간에 협력해야 한다고 하여, 미국의 환태평양 전략 구상에 편승

해 군사 강국을 꿈꾸는 일본의 위험한 불장난에 놀아날 태세다.

이런 몰지각한 인식은 지난 6일, 일제강점기 강제 동원 피해자 배상을 일본 정부나 전범 기업이 하는 것이 아니라 국내 재단이 국내 기업의 기부를 통해 지급하기로 한다는 박진 외교부 장관의 발표로 이어졌다. 정부의 강제 동원 배상안에는 위안부 할머니와 일제 피해자에 대한 일본 정부의 사과나 전범 기업의 배상 참여가 없는데도 불구하고, 윤 대통령은 "미래 지향적 한일 관계를 위한 결단"을 내렸다고 자화자찬했고, 박진 장관은 "높아진 국격과 국력에 걸맞은 대승적 결단"이라고 허황한 변명을 늘어놓았다. 이에 양금덕 할머니를 비롯한 일제강점기 피해자들과 국민들은 이를 '제2의 을사늑약'이라고 규탄했다.

윤석열 정권은 내치에서는 반민주 검찰 폭정을 저지르고, 외교에서는 삼일절 망언에 이어 일제강점기 강제 동원 피해자들의 자존심을 짓밟고 모욕하는 굴욕적인 강제 동원 배상안을 실행하려는 외교 참사를 저질렀다.

민주화운동 원로들의 주권선언 선포

윤석열 대통령이 "일본은 이제 군국주의 침략자가 아니라 안보와 경제에서 협력하는 파트너"라는 반민족적 삼일절 기념사를 내뱉던 날, 1919년 〈기미독립선언서〉를 낭독했던 역사적 현장인 탑골공원 앞에서는 뜻깊은 행사가 열렸다. 우리나라의 민주화운동에 앞장서 온 함세웅 신부, 김상근 목사, 이부영 이사장을 비롯한 각계 원로들로 구성된 '검찰독재와 민생파탄·전쟁위기를 막기 위한 비상시국회의'가 〈3·1 혁명 104주년 대한국민 주권선언〉을 선포한 것이다. 민족의 자존 의식을 높이고 국민에게 희망과 용기를 주는 자리였다. 우리 국민은 외세와 결탁해 동족 간의 갈등과 증오를 조장해 온 독재 세력에 맞서, 4·19 혁명과 유신 독재 반대 투쟁, 5·18 광주민중항쟁과 1987년 6월 시민항쟁 그리고 근년의 촛불혁명으로 세계에 자랑할 만한 민주 국가를 이룩했다는 자부심을 다시금 환기시켜 주었다.

그런데 어처구니없게도 아무런 준비가 되지 않은 윤석열 정권이 들어서면서 지난 시대의 중앙정보부 공안 통치

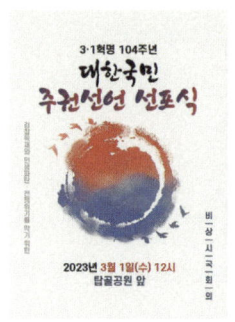

3·1 혁명 104주년 대한국민 주권선언 선포식(출처:《민들레》)

와 군사 독재에 버금가는 검찰 독재를 자행하여 대한민국이 대내외적으로 치명적인 위기에 빠져들고 있다. 국제적으로 세계 패권을 두고 미국과 중국이 각축을 벌이고 있는 와중에 우리 민족의 국익과 평화를 위해 주체적 입장에서 등거리 외교를 유지해야 마땅함에도 대미 일변도의 정책을 펴고, 우리나라를 침략한 전과가 있는 일본을 끌어들일 생각을 하는 윤석열 정권의 친일적 행보에 우려를 금할 수 없었다. 급기야 이제는 일제 침략의 책임도 묻지 않고 일본의 사과도 없이, 일제강점기 강제 동원 피해자 배상을 국내 민간의 자발적 기여를 통해 해결하겠다는 어처구니없는 굴욕을 강요하는 지경에까지 이르렀다.

시국 진단과 위기 극복을 위한 실천 방향

이제 민주주의와 역사 정의의 흐름을 거역하는 세력을 제외한 우리나라의 남녀노소 모든 시민이 일어나 서로 연대하고 협력하여 이 위기를 극복하기 위한 구체적인 계획을 실천하고 행동해야 할 것이다.

무절제하고 무도한 검찰권 남용으로 삼권분립이 파괴되고, 국회의 권능이 무력화되며, 국정원과 감사원 등 사정 기관이 발호하는 상황에서 우리는 "모든 권력은 국민으로부터 나온다."라는 헌법에 명시된 국민주권을 재확인하고, 정당성이 결여된 윤석열 정권의 퇴진을 요구해야 한다. 그리고 주류 언론이 정권에 굴종하여 여론을 왜곡하고 기득권층을 옹호하는 첨병 역할을 하는 상황에서, '더탐사'와 '민들레' 같은 진실을 전달하는 시민언론에 대한 후원과 육성이 시급하다. 그런 면에서 올바른 정보와 뉴스를 전하는 언론 매체를 키우고, 모든 시민이 1인 미디어가 되어 쌍방향의 언론 주권자가 될 필요가 있다.

실제 노동으로 살아가는 노동자의 권리와 민생 경제 주권을 확립해야 하며, 강대국들의 패권 다툼 속에 남북 겨레의 통합과 평화 유지가 위협받고 있는 상황에서 민족의 자치적 주권을 확보해야 한다. 그리고 자본의 탐욕과 성장 우선주의로 인한 기후 위기와 생태 환경의 파괴가 심각한 지금, 생명을 존중하고 수호하는 생명·생태운동도 함께 전개해야 한다.

이익보다 사랑과 정의, 국민주권 행동

한 나라의 민생과 평화를 책임지고 자유와 평등과 정의를 실현해야 할 대통령의 자리에 있는 사람이 사회적 약자와 노동자를 적대시하고, 자본과 기업가의 이익을 옹호하기 위해 모든 공무원은 세일즈맨이 되어야 한다고 주문하고 자기도 영업 사원 1호가 되겠다고 선언했다. 모든 국민의 주권과 생명을 보호하고, 모든 사람이 골고루 잘 사는 사회를 유지해야 할 국정 최고 책임자가 가진 자와 기득권층의 이익을 앞세우고 인간에 대한 연민과 사랑을 도외시한다면, 그 사회는 비정해지고 각자도생의 싸움터로 변할 것이다.

2023년 3월 15일에 열린 '한일정상회담 시민사회 입장 발표 기자회견'

일찍이 맹자는 나라를 이익 추구라는 논리로 다스리려는 당시 양혜왕(梁惠王)에게, 나라를 다스리는 최고의 방책은 인의(仁義)가 있을 뿐이라고 말했다. 보편적인 사람이 아니라 자기 패거리와 기득권 계층의 이익을 배타적으로 챙기고, 모든 법률을 정의롭고 공정하게 적용하지 않고 '유권무죄, 무권유죄'의 편파성에 따라 운용하면 천하가 어지러워지고 상하 간의 갈등과 쟁탈전[上下交征利]이 일어난다고 예고했다. 맹자는 민심을 잃고 국민으로 하여금 피눈물을 흘리게 하는 무도한 걸주 같은 폭군은 필부에 불과하기에 역성혁명(易姓革命)을 통해 끌어내리는 게 정당하다고 보았다.

윤석열 검찰 독재 정권 아래에서 나라가 혼란에 빠진 지금이야말로, 인의의 근본을 생각하면서 헌법이 명시한 주권재민의 원칙을 재확인하고 국민의 마지막 권리인 저항권을 행사해야 할 때이다.

고통에서 행복으로 함께 가는 길

– 김동춘의 《고통에 응답하지 않는 정치》를 읽고

《산넘고 물건너》
2023년 봄호

윤석열 정권의 대안 모색

우리나라는 지금 매우 위태롭고 불안하다. 정치가 우리가 처한 문제를 해결해 주지 못하고, 오히려 갈등을 증폭시키고 국민을 갈라놓고 있기 때문이다. 정치의 '정(政)'자는 본래 '바로잡는다[正也]'라는 뜻이고, 지도자와 정부는 나라의 주인인 국민의 뜻을 받들어 국정을 논의하고 집행해야 한다. 그런데 지금 윤석열 정권은 민생 경제와 사회 복지 같은 내치는 물론, 주변 강대국과의 외교, 국제 무역, 한반도의 평화 유지 같은 외치까지 모두 실패하고 있다. 집권한 10개월 동안 온갖 시행착오와 말실수를 거듭하였고, 대통령 가족의 비리와 석연치 않은 무속 인사의 영향력으로 나라는 혼란스럽고 국민의 신뢰는 추락하고 있다.

이러한 국정 혼란과 난맥상은 이미 예견된 일이었다. 국정 운영에 필수인 기본적 식견과 정책 프로그램도 없이 검찰총장에서 곧바로 대통령 자리에 오른 윤석열의 갑작스러운 등장은 나라의 퇴행을 가져왔고 민심의 이반을 초래했다. 그는 그동안 해 온 대로, 모든 사람을 범죄 가능성이 있다고 보는 검찰주의자답게 국정을 대화와 협치로 풀기보다는 가장 익숙한 수법인 압수와 수색, 기소와 엄벌이라는 칼을 휘두르며 비민주적이고 폭력적인 방법을 동원하고 있다.

MBC 기자의 전용기 탑승 거부, 시민언론 '더탐사'와 '민들레'를 향한 반복적인 압수 수색과 영장 신청, 특정 수구 언론사와의 단독 신년 회견 같은 언론 자유 유린 행위가 끊임없이 이어지고 있다. 급기야 헌정사상 유례없는 야당 대표에 대한 망신주기식 검찰 소환에 이은 구속영장 청구까지 감행하고 있다.

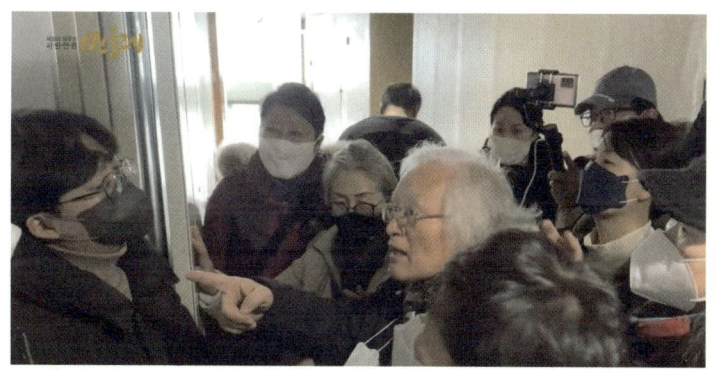

'민들레' 압수 수색에 항의하는 필자

　정치는 사라지고 검찰 독재가 시작되어 언론 자유는 위축되고, 대통령의 어설픈 명령과 법무부 장관의 내로남불식 교활한 법 적용으로 세상이 어수선하다. 노동자의 권리를 신장시키고 서민의 삶을 돌보기는커녕, 노조의 회계장부를 조사하고 노동자의 정당한 파업권을 무시하는 노동 탄압 정책을 강행했다. 서민의 삶을 개선할 방책은 내놓지 않고, 자살을 방지하기 위해 번개탄을 팔지 않도록 하라는 우스꽝스러운 지시를 내리고 있다.

　상황이 이 지경에 이르자, 6년 전 박근혜 적폐 정권을 평화적인 촛불혁명으로 탄핵했던 민주 시민들이 다시 길거리로 나와 '윤석열 정권 퇴진'에 이어 '윤석열 정권 타도'를 외치게 되었다.

필자는 6·25 전쟁이 휴전되기 직전에 태어나 박정희가 쿠데타로 집권한 1960년대에 초중고를 다녔고, 1970년대의 삼선개헌과 위수령, 유신 체제하에서 대학 생활을 한 세대로, 민주화에 대한 열망이 절실했다. 그 당시 필자는 '평생 저 지긋지긋한 독재자 박정희 치하에서 살아야 하는 재수 없는 운명인가' 하고 낙담하면서도 민주화의 꿈을 키우며 나름의 저항을 이어 왔다. 1969년 고교 3학년 재학 중에는 삼선개헌 반대 시위에 참여했고, 1971년 대학 2학년 때는 위수령을 반대하는 삭발 저항을 했다. 3년간의 군 복무를 마치고 1975년 대학 3학년으로 복학한 뒤에는 올바른 현실 인식과 시각을 갖기 위해, 학교 내에서는 독서 동아리 활동을 했고, 학교 밖에서는 해방신학자 안병무 박사가 강론하던 향린교회 대학부에서 활동하며 진보적 의식을 키웠다.

그러면서 깨달은 바는 올바른 실천을 하려면 정확한 현실 인식을 위한 독서와 궁리가 전제되어야 한다는 점이었다. 게릴라 전투 중에 총을 들고 싸우다가도 휴식할 때는 시가를 입에 물고 다른 한 손에는 책을 들고 읽었던 체 게바라처럼, 끊임없는 생각과 과감한 실천의 변증법적 상호 침투와 통일은 필수적이다.

그 당시 읽었던 책 중에 브라이덴슈타인의 《학생과 사회정의》, 에리히 프롬의 《희망의 혁명》, 리영희의 《전환시대의 논리》와 《우상과 이성》, 파울로 프레이리의 《페다고지》, 구스타보 구티에레즈의 《해방신학》, 한완상의 《민중과 지식인》, 님 웨일즈의 《아리랑》이 특히 기억에 남는다.

1987년 민주화운동 이후 국부 독재 시대가 청산되어 절차적 민주주의가 정착되고, 6년 전에 박근혜 국정농단 세력이 촛불시민혁명으로 탄핵되면서 다시는 민주주의가 퇴행하는 일이 없겠거니 하고 방심하고 있는 사이에, 또 다른 괴물인 윤석열 검찰 독재 정권이 들어섰다.

왜 이런 일이 벌어졌는가. 민주화와 산업화를 동시에 이룬 나라로 세계의 찬탄을 받던 대한민국이 어쩌다 이 지경으로 떨어졌는가. 촛불혁명의 힘으로 들어선 문재인 정권은 왜 이런 검찰 독재 정권에 권력을 넘겨주게 되었는가. 무엇이 문제였던가. 요즘 다시 토요일마다 윤석열 정권 타도를 위해 거리에 나가 촛불집회에 참여하면서도

김동춘의
《고통에 응답하지 않는 정치》

이러한 의문이 머릿속을 떠나지 않았다.

이런 고민을 하던 차에 만난 책이 지난겨울에 출간된 김동춘 교수의 《고통에 응답하지 않는 정치》(사계절, 2022)였다. 김 교수는 이 책에서 우리 사회와 정치 현실을 심도 있게 분석하고 있다. 이 책이 제기하고 있는 우리 사회의 문제점을 살펴보고 해결 방안을 들어 보기로 한다.

민주화 이후 우리 사회의 과제와 문재인 정부의 한계

우리 사회를 지배하고 있는 성장주의 논리를 개혁하고, 보통 사람들이 안전하고 행복하게 살 수 있는 사회시스템을 만드는 일이 우리 사회의 목표 과제이다. 주거·노동·교육 문제로 인한 국민의 고통을 해소하고, 수도권의 과도한 인구 집중과 팽창, 저출생과 높은 자살률의 원인을 정확히 파악하고 대책을 마련하는 것이 우리 시대의 과제이다.

2020년 구매력평가 기준으로 한국은 일본을 추월했으나, 청년·빈곤층·노동자·여성·노인의 일상생활과 사회경제적 권리는 여전히 참담한 수준이다. 한국의 행복지수는 세계 50위권에 머물고 있으며, OECD 국가 가운데 최저 출산율을 기록하고 있다. 청소년과 노인의 자살률은 세계 최고 수준이며, 위험의 외주화와 안전 비용 절감으로 인한 산업재해가 끊이지 않고 발생하는 등 사회적 불평등이 심각하다.

이처럼 우울한 상황에서도 한국은 세계 최상위 수준의

민주주의를 성취했다. 그러나 관료주의와 권위주의, 정당의 취약한 사회적 기반, 언론과 검찰의 과도한 정치 편향, 경제 권력의 과도한 지배가 민주주의의 발전을 가로막는 걸림돌이 되고 있다. 한국 사회는 '조정 시장 경제'보다 미국식 '자유 시장 경제' 원리가 작동하는 성장 지상주의 체제이며, 이를 달리 말하면 복지 최후진국이라 할 수 있다. 이러한 미국발 근대화 이론은 지구적 반공주의와 결합해 있다.

민주화 이후 김대중·노무현·문재인 정부가 표방한 성장주의 역시 박정희식 재벌 밀어주기와 개발주의의 연장선에 있었고, 대자본과 경제 관료의 헤게모니 아래에 있었다. 여야를 막론하고 성장과 경제를 국정의 최 우선 의제로 삼은 이유는 국민이 돈과 물질주의에 집착해서 경제 성장 다음의 가치를 생각해 본 적이 없기 때문이다. 일반적으로 한국인은 경제적·물리적 안전을 강조하는 생존 가치를 중시하고, 약자와 소수자 그리고 생태 환경에 대한 배려를 경시한다. 1970~1980년대까지 한국은 비교적 평등한 사회였으나, 1990년대 후반 외환 위기와 신자유주의 물결이 닥친 이후에는 미국 다음으로 불평등한 국가가 되었다. 재벌 같은 선출되지 않은 권력이 사실상 사회를 지배하고 있으며 보수 언론, 사학재단, 대형 교회 또한 세습화 경향을 보이고 있다. 한국은 정부가 사회를 관장하고 통제하는 '강한 국가'이지만, 사회경제적 문제나 갈등을 해결할 수 있는 역량과 집행력 측면에서는 '약한 국가'에 가깝다. 특히 안전과 복지를 책임지는 하부 구조는 매우 취약하다. 세월호 참사, 이태원 참사, 반복되는 산업재해, 비정규직 증가, 사회 안전망의 부재는 그에 따른 결과이다.

문재인 정부의 핵심 노동 정책은 비정규직의 정규직화였으나, 정규직 노동자들이 '공정 담론'을 제기하면서 노동자는 분열되었고, 중대재해처벌법이 통과되었지만 5인 미만 사업장은 3년 유예되어 그 효과는 제한적이었다. 외환 위기는 구조 조정을 강제해서 노동자에게 해고의 고통을 강요했고, 헌법이 보장한 '노동 3권'은 재벌·관료·보수 언론 등 기득권 카르텔의 노조에 대한 악의적 태도 때문에 제한적으로 보장되었다. 노동자들도 양극화되어, 2021년 OECD 조사에 따르면 한국의 임시직 근로자 비중은 세계 2위 수준에 달한다. 한국의 노동자들은 장시간 노동, 빈번한 산업재해, 인격 모독과 사회적 차별에 시달리고 있으며, 1970년 전태일 분신 이후 50여 년이 지났음에도 여전히 '현대판 노예' 신세를 면치 못하고 있다.

문재인 정부(김은혜 교육부 장관)의 교육 정책은 교육의 공공성 강화나 격차 극복, 대학 개혁(공영형 사립대 등)에 손을 놓고, 단지 입시 정책 중 수능 비중 상향 조정에 그쳤으며, 환경 위기, 지구적 불평등, 한반도 평화 교육 등에도 무관심으로 일관했다. 국가가 교육을 관장하나, 비용은 개인이 부담하는 시장 의존·가족 부담형 교육 체제가 유지되면서 2000년 이후 사교육 비중은 확대되고 공공성은 후퇴했으며, 사학 비리와 비민주적 학교 운영, 학생 인권 침해가 빈번했다. 이는 족벌 체제로 운영되는 사학의 비민주적 지배 구조를 개혁하지 않은 당연한 결과였다. 학부모와 학교는 "너의 미래를 위해 공부시킨다."라고 하지만, 사실은 부모와 학교의 사적 욕망을 위해서이다. 저출생의 중요 원인도 과도한 사교육비와 양육비 부담에 있다.

문재인 정권의 주택 정책 또한 재산세와 보유세 강화에 대한 의지가 박약했고, 임대 사업자에게 특혜를 주는 정책을 폄으로써 집값 폭등을 불러와, 서민과 청년들에게 절망과 박탈감을 안겨 결국 정권을 보수 세력에 넘겨주는 빌미가 되었다. 주택 문제를 기본권 보장의 문제로 볼 것인지, 수요와 공급의 시장 논리에 따를 것인지에 대한 명확한 판단 없이 우왕좌왕하는 사이 집값은 폭등했다.

한국의 사회적 재생산과 사회시스템

우리나라에서는 자녀 교육에 대한 사적 투자와 지출이 노동을 통해 얻은 임금과 행복, 주거, 질병 치료, 노후 보장 등 복지 기능을 모두 대신하고 있다. 그래서 사람들은 정부에 노동 현실의 개선이나 복지 확충을 요구하기보다, 개인 차원에서 자녀를 위한 교육에 더 많은 관심을 보인다. 한국에서 학력과 학벌은 일종의 지위이며, 학벌 획득은 가난과 노동의 굴레에서 벗어나려는 '지위 획득 투쟁'이기 때문이다.

한국 사회에는 사회 정책과 결합된 가족 정책이 거의 존재하지 않는다. 여성의 사회 활동에 따른 자녀 돌봄 문제, 고령화로 인한 노인 돌봄 문제를 모두 가족과 자녀의 문제로 돌린다. 지금 사회적으로 심각한 문제인 저출산의 원인으로는 과도한 사교육비 부담을 비롯해 여성의 경제활동 확대와 권리 의식의 제고, 노동 유연화와 비정규직화, 가부장주의, 시장 구조, 가족 복지 부족, 장시간 노동 등이 꼽히는데, 이러한 요인들이 주택 마련의 어려움과 맞물려 출생률의 급격한 감소를 초래하고 있다.

민주당의 사회 정책 역시 보수 정권과 다름없이 경제 발전과 안보, 국가 경쟁력과 국민 소득 향상에 초점을 맞추었다. 강력한 증세를 하지 않는 영미형 자본주의의 길을 따른 것이었다. 김대중 정부는 민주주의와 시장 경제를 결합하고 사회민주주의 개혁의 첫걸음을 내디뎠으며, 국민기초생활보장법과 부패방지법 등을 입법하였다. 그러나 뒤이은 민주 정부에서는 이러한 개혁 정책이 점차 흐지부지되었고, 시장주의 기조를 유지하면서 보수 정당과의 계급적 차별성이 없어졌다.

이처럼 민주당 정부의 사회 정책이 시장주의 기조를 유지한 것은 1987년의 민주화가 권력 엘리트의 계급과 계층적 구성에 근본적인 변화를 가져오지 못한 데서 기인한다. 군부와 학생의 대립 구도에서 군부가 탈락하고, 김대중·김영삼 두 지도자 아래 중산층, 명문대 출신의 민주화 세력이 들어간 계급적 한계에 기인한다. 그 결과 우리 사회에는 재벌, 보수 관료, 보수 언론의 카르텔이 구축되었고, 그 외곽을 보수 지식인과 교수 집단이 지탱하고 있다. 정치적 민주화로 의회와 정당 정치의 역할이 강화되었지만 동시에 관료, 기업, 검찰과 법원 등 비선출 권력의 힘도 확대되었다.

민주화 이후 복지·교육·주택 분야의 의제 제기는 노조보다 참여연대, 경실련, 참교육학부모회, 보건 의료 단체, 공익적 시민 단체나 개별 지식인들에 의해 이루어졌다. 노동과 시민사회에 의한 사회력 강화가 실현되지 못한 데 따른 피해는 비정규직 하층 노동자, 자살로 내몰리는 청소년, 무주택자와 세입자에게 돌아갔다. 그리하여 망루 크레인 투쟁, 철창 안에 스스로를 가두는 자해적 저항, 죽음과 자살 행렬이 계속되었다.

한 국가는 '지구적 자본주의 세계 체제' 장과 '국제 정치'라는 권력 장에 이중적으로 존재한다. 반공주의 정치 지형은 민주화의 공간을 열어 주었으나, 민주화가 사회경제적 개혁으로 확장되는 것은 차단했다. 한국은 OECD 가

입과 IMF 체제 편입 이후 교육과 노동 영역에서 자율과 경쟁의 이름을 내세운 '신자유주의 논리'가 민주화를 압도하게 되었다.

김대중, 노무현, 문재인으로 이어지는 진보 개혁 자유주의 후보가 집권에 성공했으나, 개혁 의지를 뒷받침할 정당은 다수당이 되지 못했다. 설령 다수당이 되더라도 청와대와 민주당이라는 선출 권력이 관료·검찰·언론이라는 비선출 권력에 쉽게 휘둘렸다. 문재인 정부는 촛불 시위에 힘입어 권력을 장악했음에도 '검찰과 언론 개혁' 같은 자유주의 개혁조차 추진하지 못했다.

개혁이 굴절되고 좌초된 배경에는 반공자유주의가 형성한 보수 일변도의 언론 지형, 보수적 지향을 가진 관료 집단, 검찰과 사법부의 노골적인 개혁 사보타주, 성장주의와 물질주의에 사로잡힌 한국인의 의식 구조, 의사·변호사·교수 등 특수 전문직 이익집단의 저항이 복합적으로 작용했다. 1987년 민주화 이후의 정치적 공간을 민주화운동 세력이 차지하지 못하고, 군사 정권이 길러 낸 보수적 시민사회, 즉 기업가 집단과 보수 언론이 더 큰 영향력을 행사하게 되었다.

한국은 지구화된 경제 질서와 신자유주의 질서, 금융자본 질서에 편입되었고, 중국의 개혁개방을 기회로 거대한 시장이 창출된 중국에 대한 의존도가 높아졌다. 외환 위기 이후 한국 사회에는 1970년대와 유사한 열악한 노동 조건과 장시간 노동에 시달리는 민중과 세계 최고 수준의 소득을 누리는 상위 자본가·화이트칼라·전문직·강남 주민이 병존하는 '이중 사회', '두 개의 국민'이 형성되었다.

1987년 민주화는 군부 정권과 민주화운동 세력 간 타협의 산물이었다. 6월 항쟁은 진정한 혁명이 아니라 군부 퇴진운동이었으며, 야당 정치 세력과 군부 세력의 협상에 의한, 즉 최상층 권력의 양보에 의한 민주화였다. 그래서 보편 복지를 사회주의와 같은 것으로 인식했다. 반공자유주의와 신자유주의는 경제 민주화를 거부하고, 노조의 정치 세력화를 반대해 왔다.

한국 자본주의의 경로 대전환과 사회력 강화

한국은 눈부신 경제 발전을 이루었으나 복지 국가로 나

아가는 길에서 전환기의 함정에 빠져 저출산, 청소년과 노인의 높은 자살률, 노동 현장에서 끊임없이 발생하는 산업재해 같은 심각한 문제에 직면해 가난한 이들과 노동자, 청년과 여성을 비롯한 사회적 약자가 살기 어려운 사회가 되었다. 민주화 이후 지속된 저조세·저복지 정책은 약자들 간의 경쟁과 이기주의를 부추기는 구조적 조건으로 작동하였다. 이것이 결국 저출산과 급격한 인구 감소, 청소년·노인·여성의 자살률 증가를 초래하였다.

인구 감소 문제를 해결하기 위해서는 외국인 고용 같은 단기적 처방이 아니라 과잉 교육과 노동의 이중화, 노동자 차별이 먼저 해결되어야 한다. 그리고 저출생 문제는 과도한 시장주의와 사적 부담을 해소하는 큰 방향에서 주거와 교육 및 돌봄의 공공성 강화로 대응하고, 수도권 집중을 완화하는 정책 등으로 해결해야 한다.

지금 세계는 환경 위기, 기후 위기, 핵전쟁 위기, 에너지 위기, 식량 위기와 전 지구적 코로나19 같은 전염병 유행에 직면해 있을 뿐만 아니라, 세계의 상위 1%가 세계 총자산의 37.8%(소득은 19.3%)를 점유하는 심각한 불평등을 겪고 있다. 이제 이러한 양극화를 해소하기 위해 성장주의와 물질문명 중심의 사고에서 벗어나 행복과 삶의 질을 중시하고, 투기적 금융자본주의를 넘어 사회적 약자의 생존과 복지를 보장하는 경제 대전환을 해야 할 시기에 이르렀다. 개발주의와 신자유주의, 경쟁주의와 능력주의에서 벗어나 연대주의와 공동체주의로 삶의 방식을 전환해야 시민이 행복한 국가를 만들 수 있다.

한국은 민주주의 측면에서 후발 모범국이지만, 복지 국가의 궤도에는 아직 진입하지 못했다. 외환 위기 이후 사회 안전망과 생태 안전망 확보라는 과제를 안게 되었으며, 특히 교육과 복지, 주택, 의료 영역에서의 취약한 공공성을 개선하는 일이 가장 시급하다. 한국은 안보 국가, 개발 국가, 신자유주의 국가의 틀에서 벗어나 평화 국가로, 동아시아의 일원으로서는 복지 국가로, 세계 선진국이라는 위치에서는 생명·안전 국가로 전환해야 한다. 생태·복지·평화 국가로 나아가기 위해서도 민주주의는 필수적 전제 조건이 된다. 비선출 권력인 검찰, 공안 기관, 경제 관료, 보수 언론이 지배하는 한국의 정치 구도를 개혁하기 위해서는 이를 추진할 역량 있는 정치 세력의 집권이 필요하다. 지금 우리나라는 과잉 법률 사회, 소송 만능주의로 사회가 피폐해지고 있는데, 검찰총장 출신의 윤석열 정권이 들어서서 압수와 수색, 기소와 구속이 남발되고 있다. 선출되지 않은 권력인 검찰과 사법부의 개혁은 더 이상 미룰 수 없는 당면 과제이다.

자유는 평등과 우애를 방해하지 않아야 한다. 마을 단위의 공동체, 노동조합과 협동조합, 다양한 사회조직과 단체를 복원해야 한다. 아울러 경제 민주화와 재벌 개혁, 사회운동(연성의 정치)의 활성화, 여성의 주체화, 정치교육 강화와 노동·평화·인권 교육의 전면적 실시가 요구된다. 그리고 일반 시민의 판단력과 이해력, 문해력, 미디어 독해력 증진 등 사회력 강화도 중요하다. 학문, 시민교육, 미디어는 개념과 이론을 세우고 세상에서 벌어지는 일과 개인이 처한 상황을 정확하게 보여 주는 역할을 하기 때문이다.

현재 한국인의 행복도가 낮은 가장 큰 이유는 '사회적 관계의 실종'에 있다. 이런 현실을 극복하려면 안정된 관계, 공감과 연대, 소속감을 가질 수 있게 하는 물질적·제도적·문화적 조건을 마련해야 한다. 사회운동 역시 '관계 회복을 통한 사회력 형성'에 몰두해야 한다.

우리의 대안적 정치 체제는 사회적 민주주의 혹은 공화주의적 민주주의이다. 선거 민주주의를 넘어선 직접민주주의의 길을 모색해야 한다. 노동자와 여성, 소수자와 이주민이 모두 참여의 주체가 되어야 한다. 공화주의와 민주주의의 정신은 상품화된 질서와 인간관계를 넘어서는 공감, 생명 그리고 연대이다.

난세에
정의를 실천하는 지식인

《민들레》
2023.3.24.

2019년은 3·1 운동이 일어난 지 100주년이 되는 해여서, 파리의 한국문화원에서도 이를 기념하는 전시회가 열렸다. 1870~1950년의 한국 근현대사에 대한 간략한 해설과 함께 〈3·1 독립선언서〉, 한말 조선의 외교 사절단, 당시 파리에서 활동한 한인 독립운동가와 유학생들의 모습을 담은 사진이 전시되었다.

그해 여름, 방학을 맞아 파리에 있는 딸네 집에 머물던 소생은 주프랑스 한국 대사, 한국문화원장과 인사를 나누고 파리에 거주하는 동포 지인과 함께 이 전시회를 둘러보았다. 거기서 필자가 대학에 다닐 때 철학을 강의해 주

Les résidents et les étudiants coréens à Paris, 1925
En haut de gauche à droite : Lee Deuk-jung, Lee Jeong-seop, Bark Byong-seo, Lee Yong-je, Lee Jong-woo, Hong Je-ha
En bas de gauche à droite : Lee Ho, Min Jang-sik, Han Young, Seu Ring Hai, Kim Jae-eun, Kim Beop-rin, Jeong Seok-hae

1925년 파리에서 활동한 한인 독립운동가와 유학생들. 앞줄 맨 오른쪽이 정석해 선생이다.(출처:《민들레》)

셨던 정석해(1899~1996) 선생의 청년 시절 사진을 발견하고 무척 반가웠다.

정석해 선생은 1919년 연희전문학교 재학 시 숭례문 앞에서 만세 시위를 하다가 일제에 쫓겨 상해로 망명하였다. 상해임시정부 인사들로부터 "나라의 미래를 위해 청년들은 공부하며 미래를 준비하라."라는 권유를 듣고, 상해에서 배를 타고 프랑스 남부 항구 마르세유에 도착한 뒤 파리로 이동해 유학 생활을 했다. 100여 년 전에 찍은 이 사진에는 당시 상해임시정부의 훈령에 따라 파리에서 외교 활동과 독립운동을 하던 분들과 유학생들이 정장 차림을 하고 있었다.

1945년 해방 이후 정석해 선생은 연희대학교 교수가 되어 철학과 프랑스어를 가르쳤다. 그러다가 이승만 정권이 반민특위를 해산하고, 야당과 민중의 민주 독립 국가에 대한 열망을 배신하며 부정선거를 통해 장기 독재를 꿈꾸자, 학생들이 거리로 나와 이승만 자유당 정권이 저지른 부정선거를 규탄하며 이승만의 독재 체제에 저항했다. 1960년 2월 28일에는 대구의 고등학생들이 가두시위를 벌었고, 4월 18일에는 '3·15 부정선거 무효'를 외치며 시위에 나섰던 고려대학교 학생들이 데모를 벌이고 돌아가다가 정치 깡패의 습격을 받는 사건이 발생했다.

그러자 4월 19일 서울의 대학생과 고등학생들이 더욱 분노하여 "이승만 정권 물러가라. 검거된 학생을 석방하라. 악질 경관을 처벌하라!"라는 구호를 외치며 거리로 쏟아져 나왔다. 그런데도 이승만 대통령은 자신의 용퇴를 밝히지 않고 미봉책으로 사태를 수습하려 했다. 이에 각

대학의 양심적인 교수들이 학생들의 희생과 국민의 고통을 보고만 있을 수 없다고 판단하고 4·25 교수단 데모를 결의하게 된다. 연희전문학교 시절 학생으로서 3·1 만세 운동에 참여했던 정석해 선생은 이제 해방된 나라의 민주주의가 위협당하자 교수의 신분으로 또다시 역사의 현장으로 나오게 되었다.

정석해 선생은 독재자로부터 자유와 민권을 되찾기 위해 피 흘리며 희생하는 학생들을 보고 선생 노릇을 하면서 가만히 있는 것이 부끄러워 고려대 이상은 교수, 서울대 이희승·최재희 교수를 비롯해 뜻있는 교수들과 함께 4월 25일 궐기 대회를 열기로 하였다. 정석해 선생은 서울대 교수회관인 함춘원에서 열린 교수 궐기 대회의 의장을 맡아 시국선언문을 발표하고, 동국대 김영달 교수의 제의로 가두시위를 하기로 결정했다. 그때 교수단이 들고 있던 플래카드에는 '학생의 피에 보답하라'라는 글귀가 쓰여 있었는데, 이는 소생이 지곡서당에서 한문을 배웠던 임창순 선생이 쓴 글씨였다.

필자는 과분하게도 이 4·19 교수단 데모에 참여하신 두 분 선생으로부터 직접 배울 기회를 가졌다. 학부 시절에는 정석해 선생께서 이미 정년 퇴임을 하셨지만 여전히 철학과 강사로 나오셔서 '인식론'을 강의하셨는데 그 강의를 들었고, 대학원 시절에는 임창순 선생으로부터 태동고전연구소와 지곡서당에서 한문을 배우는 행운을 누렸다. 요즘 이 두 분 스승이 새삼스레 떠오르는 것은 지금의 시국이 매우 엄중하기 때문일 것이다.

지금 우리나라는 잘못 뽑은 대통령 때문에 위기에 처해 있다. 내정은 국민의 경제적 안정과 민주주의와는 거리가 먼 검찰 독재 시대로 퇴행하고 있고, 외교는 국익 수호와 자주적인 주권 행사와는 거리가 먼 시대착오적인 친일 행각을 서슴지 않고 벌이면서도 후안무치한 변명만을 늘어놓고 있다. 미국의 패권 전략을 일방적으로 추종하다 보니, 그동안 흑자를 보던 중국 수출은 반토막이 나고, 무역수지는 엄청난 적자를 기록하고, 물가는 폭등하고 있다. 여기에다 일본 방문 외교를 서두르면서 일제 강제 징용 피해자와 위안부 할머니들에 대해 배상하라는 대법원의 최종 판결을 무시하고, 가해국인 일본의 사과나 전범 기업의 배상이 아니라 피해국인 국내 기업의 출연을 받아 보상하겠다는 반인륜적이고 굴욕적인 보상 방안을 내놓고 이를 해결책이라고 뻔뻔스럽게 주장하고 있다.

사태가 이 지경에 이르자 민주 시민들이 다시 촛불을 들고 거리로 나오기 시작했고, 그동안 현실에 대한 발언을 자제해 왔던 교수와 종교인들이 잇달아 성명서를 내놓으며 경종을 울리고 있다. 지난 14일에는 서울대 민주화 교수협의회가 윤 정권의 일제 강제 동원 판결 관련자에 대한 국내 기업 기금 출연 해법을 비판하는 성명을 냈고, 어제는 고려대 교수 84명도 윤석열 정부의 강제 동원 배상안에 반대한다는 성명을 발표했다.

그리고 우리나라 민주화의 리트머스 시험지 같은 역할을 해 온 '천주교정의구현전국사제단'도 지난 월요일 순교자들이 피를 흘린 전주의 풍남문 광장에서 매국·매판, 굴욕·굴종, 검찰 독재를 일삼는 윤석열 정권의 퇴진을 선언하는 시국미사를 집전하고, 앞으로 윤석열이 퇴진할 때까지 계속 시국미사와 집회를 이어 가기로 결의했다.

전주 풍남문 광장에서 열린 시국미사와 촛불집회에서 천주교정의구현전국사제단의 김영식 신부와 매주 주말 민주 시민들의 촛불집회를 개최하고 있는 '촛불행동'의 김민웅 대표가 포옹하는 장면은 깊은 감동을 주었다.

윤석열 퇴진 투쟁을 위한 천주교정의구현전국사제단 김영식 대표신부와 촛불행
동 김민웅 상임대표의 역사적 만남

전주 풍남문 광장에서 열린 민주주의 회복과 평화를 염원하는 시국미사

최근 서울대, 동국대, 고려대 교수를 비롯한 전국 각지의 교수 단체들이 연이어 발표한 성명서는 윤석열 검찰 독재 정권의 반민주·반인권적 행태와 친일 매국적 외교 행각에 대한 준엄한 심판이며, 윤 정권의 몰락을 재촉할 것이다. 나라가 국내외적으로 위기에 빠져들고 있는 상황에서 올바른 지식인과 정의로운 종교인들이 침묵을 깨고 우리나라의 민주주의와 인권, 자주독립과 평화 유지를 위해 역사적 결단을 한 것이다.

이제 우리 민주 시민은 다 함께 1960년에 이승만 독재 정권을 몰아냈던 선배 지성인들의 행동을 본받아, 우리 시대의 양심적인 지식인·종교인들과 함께 윤석열 퇴진에 모든 역량을 집중해야 할 것이다.

시민교육 기획자의 도전과 성취

– 주은경의《어른에게도 놀이터가 필요하다》를 읽고

페이스북
2023.3.28.

필자가 주은경 선생을 주목하게 된 계기는 이번 3월 시민언론 '더탐사'의 시민학당 교장을 맡게 되면서부터다. 대학에서 한국고전문학과 한국한문학을 공부하면서 국어 교사를 양성하는 일을 하다가 5년 전에 정년퇴직하고, 우연인지 필연인지 시민교육과 사회교육 분야에서 활동하게 되었다. 가깝게 지내는 성공회 송경용 신부님이 여의도 샛강생태공원 샛숲학교에 와서《노자》강의를 해 달라고 권유하셨다. 생태 위기가 도래한 상황에서 노자의 생명 존중과 반전·평화 사상이 내장된《노자》를 시민들과 함께 공부하는 것은 의미 있는 일이라고 생각했다. 그렇게 사회적협동조합 '한강'의 고문 겸 '샛숲학교' 교장을 맡아 생태인문교실을 열고 '생태 위기 시대에 노자 읽기' 강의를 진행하게 되었다.

그러던 중 올해, 권력과 자본의 시녀 노릇을 하는 타락한 레거시 미디어를 대신할 시민언론 '더탐사'와 '민들레'를 지키고 굳건히 뿌리내릴 수 있도록 미력을 보태기로 했다. 그동안 사범대학과 교육대학원에서 교사 양성 및 인재 교육을 담당해 왔고, 샛숲학교를 운영해 본 이력 덕분에 '더탐사 시민학당'의 교장을 맡게 되었다. 그렇지만 학교교육과 시민교육은 교육의 목표와 대상이 다르고, 성격과 방법 또한 같지 않기에 사회교육 전문가의 도움과 조언이 필요했다. 인문학 강의는 경험과 인적 네트워크가 있어서 강사 선정과 운영에 어려움이 덜할 것 같았지만, 시민들의 사회의식과 다양한 활동을 뒷받침하기 위해서는 전문가의 협력과 조언이 필수적이었다.

《어른에게도 놀이터가 필요하다》(궁리출판, 2022)의 저자 주은경 선생은 교육학을 전공한 분으로, 성공회대 사회교육원 기획실장으로 있으면서 교사 아카데미, 고전읽기반, 노동대학 등을 운영한 경험이 있으며, 참여연대 부설 '아카데미느티나무'의 시민교육 기획자로 활동하였다. 시민교육가로서 12년간 활동한 체험과 생각을 글로 엮어 낸 이 책은 우리나라 시민교육과 사회교육의 훌륭한 지침서가 되어 이 분야 일꾼들에게 큰 도움을 줄 것이다.

이 책은 먼저 시민들이 재미있게 살아가며 서로 배울 수 있는 기회와 만남의 장을 기획해서 실행한 경험을 풀어놓고 있다. 특히 선친인 주종환 교수님과 딸로서 마지막 시간을 함께하면서 참여한 마을공동체 만들기 프로그램과 돌봄 경험이 매우 인상적이었다. 이 책의 1부에서는 이런 경험을 바탕으로 어른에게도 놀이터가 필요함을 강조하며, 배움공동체인 '푸른시니어학교', '나의 인생사' 전시회, 다문화 교육과 장애인 교육 사례를 소개하고 있다.

2부에서는 누구나 자신을 표현하는 예술가가 될 수 있도록 돕는 프로그램들을 소개한다. 단조롭고 딱딱한 모습에서 벗어나 자유롭고 창의적으로 자신을 표현할 수 있게 열어 주는 춤추기, 그림 그리기, 연극 프로그램 등이 그 예다. 여기서 주 선생은 시민교육에 기쁨의 패러다임이 필요함을 강조하면서 진보, 인문, 행복과 함께 지성, 감성, 영성의 통합을 교육 방향으로 설정하고 있다. 이렇게 해

주은경의
《어른에게도 놀이터가
필요하다》

야만 시민들이 기쁨과 충만감을 느끼고 자존감을 높일 수 있는데, 이것이 바로 민주 시민으로서의 가치관과 인성 형성의 밑바탕이 된다는 것이다. 시민교육과 예술교육이 서로 협력할 때 그 시너지는 배가된다.

지성과 감성, 영성이 통합되는 교육은 식민지, 전쟁, 민주화운동을 기억하는 워크숍이나, 책을 읽고 토론하는 소규모 독서 모임으로 구현될 수 있고, 행동하는 시민을 위한 민주주의 교육을 기획함으로써 실현될 수 있다. 성공회대의 '노동대학'과 '교사 아카데미', 참여연대 아카데미 느티나무의 '민주주의 학교'가 그 대표적 사례이다.

주은경 선생의 시민교육 기획자이자 실행자로서의 다양한 경험에서 우러나온 결론은 분명하다. 민주 시민이 되기 위해서는 다채롭고 창의적인 학습과 프로그램이 필요하며, 민주주의의 힘은 시민교육에서 나온다는 것이다. 요즘 누구나 평생교육, 시민교육, 사회교육의 중요성을 말하지만, 우리 현실에 적합한 프로그램이 부족한 상황에서 이 책에 담긴 주은경 선생의 경험과 지혜는 이 분야에서 일하는 사람들에게 참으로 생생하고 소중한 도움이 될 것이라 확신한다.

군자와 소인의
다른 점 열 가지

《민들레》
2023.4.21.

제국의 역사를 살펴보면 나라가 흥할 때는 훌륭한 지도자와 능력 있는 참모들이 있었고, 나라가 망할 때는 혼군(昏君) 주위에 간신배들이 설쳤다. 새로운 나라를 건국한 군주는 무력으로 천하를 평정한 뒤에 반드시 관대하고 차별 없이 너그러운 인정(仁政)을 펼치지만, 난세의 지도자들은 사리사욕에 눈이 먼 측근들에게 정사를 맡겨 두고 음주와 방탕에 빠져 분별력을 잃은 채 오만한 폭군의 행태를 보인다.

요즘 우리나라의 모습은 어떠한가? 과연 자기를 닦고 지도자의 수업을 받고 준비된 사람이 풍부한 식견을 가진

전문가의 조언을 들으며 정치를 하고 있는가. 아니면 자기가 몸담았던 특정 조직의 사람들만 기용하여 편향적으로 자의적인 통치를 하고 있는가.

난세를 살아가고 있는 우리에게 동양 최고의 정치철학자 공자는 어떤 이야기를 해 줄 수 있을까. 너무나 당연하게도 부지런히 공부하여 자기를 완성한 뒤 세상을 바로잡으라고 하지 않을까. 공자는 이렇게 '수기안인(修己安人)'을 수행할 주체로 군자를 상정하고, 소인배를 멀리하라고 했다. 요즘 나라 돌아가는 꼴이 하도 답답해서 《논어》를 다시 펼쳐 보니, 역시 공자는 '군자의 길'을 가라고 한다. 공자는 군자가 가야 할 길을 소인과 대비시켜 다음과 같이 말하고 있다. 군자와 소인의 다른 점은 대체로 다음의 열 가지로 정리할 수 있다.

1. "군자는 두루 사랑하고 편당하지 않으며, 소인은 편당하고 두루 사랑하지 않는다(君子周而不比, 小人比而不周)." -《논어》〈위정(爲政)〉

   ___ 성숙한 사람은 자유, 평화, 정의, 생명 같은 보편적 가치를 추구하기 때문에 누구와도 연대할 수 있지만,

자기 이익만 밝히는 사람은 학연, 지연, 혈연 등에 얽매여 끼리끼리 모이기 때문에 파당적이다.

2. "군자는 섬기기는 쉽지만, 기쁘게 하기는 어렵다. 군자는 정도(正道)가 아니면 기뻐하지 않으며, 사람을 부림에 있어서는 그 사람의 그릇에 맞게 한다. 소인은 섬기기는 어렵지만, 기쁘게 하기는 쉽다. 소인은 도에 맞지 않아도 기뻐하며, 사람을 부림에 있어서는 모든 능력을 다 갖추기를 요구한다(君子, 易事而難說也, 說之不以道, 不說也, 及其使人也, 器之. 小人, 難事而易說也, 說之雖不以道, 說也, 及其使人也, 求備焉)." -《논어》〈자로(子路)〉

__ 하늘을 본 사람이 어찌 이 땅의 것에 쉽게 만족할 수 있겠는가. 진리로 자유로워진 사람을 세속적인 것들로 유혹하기는 쉽지 않다. 그러나 소인은 대하기는 까다로우나 기쁘게 하기는 쉽다. 이권을 주면 금방 넘어가기 때문이다.

3. "군자는 덕을 생각하고 소인은 처하는 곳을 생각하며, 군자는 모범을 생각하고 소인은 혜택을 생각한다(君子

懷德, 小人懷土. 君子懷刑, 小人懷惠)." -《논어》〈이인(里仁)〉

__ 군자는 더 높은 도덕적 수준에 올라 남의 모범이 되려고 정진하지만, 소인은 더 많은 땅을 소유하고 온갖 혜택을 받으려고만 한다.

4. "군자는 의를 밝히고, 소인은 이익을 밝힌다(君子喩於義, 小人喩於利)." -《논어》〈이인〉

__ 군자는 사회정의의 실현에 관심을 두지만, 소인은 오직 자기 자신에게 유리하냐 불리하냐 하는 것만을 생각한다.

5. "군자는 평탄하여 여유가 있고, 소인은 늘 걱정스러워한다(君子坦蕩蕩, 小人長戚戚)." -《논어》〈술이(述而)〉

__ 군자는 마음을 넓게 가져 언제나 평정심을 유지하는데, 소인은 더 갖지 못해 안달하고 늘 걱정이 많다.

6. "군자는 태연하되 교만하지 않고, 소인은 교만하되 태연하지 못하다(君子泰而不驕, 小人驕而不泰)." -《논어》〈자로〉

＿ 군자는 하늘을 우러러 부끄러운 것이 없으므로 늘 떳떳하고, 소인은 자기가 제일 잘났다고 생각하므로 교만심이 가득하다.

7. "군자는 큰 문제에 통달하고, 소인은 작은 문제에 통달한다(君子上達, 小人下達)." -《논어》〈헌문(憲問)〉

＿ 군자는 공동체의 문제를 우선시하여 보편적 가치를 실천하는 데 능력을 발휘하고, 소인은 개인의 이익을 앞세우기 때문에 자질구레한 이해관계에 빠삭하다.

8. "군자는 남의 아름다움을 이루어 주고 남의 악을 조장하지 않는데, 소인은 이와 반대이다(君子成人之美, 不成人之惡, 小人反是)." -《논어》〈안연(顔淵)〉

＿ 군자는 남의 장점을 칭찬하고 남의 성공을 진심으로 축하해 주지만, 소인은 남의 악을 조장하고 남이 잘되는 것을 못 본다.

9. "군자는 조화롭고 어울리되 동일하지 않으며, 소인

은 동일하기를 요구하고 조화할 줄 모른다(君子和而不同, 小人同而不和)." - 《논어》〈자로〉

__ 군자는 서로의 개성을 존중하며 조화를 이루지만, 소인은 서로의 다름을 인정하지 못하고 어울리지 못하며 똑같기만을 요구한다.

10. "군자는 말은 어눌하게 하고, 실천은 민첩하게 하고자 한다(君子欲訥於言, 而敏於行)." - 《논어》〈이인〉

__ 말을 쉽게 하다 보면 실수가 잦다. 지도자의 경솔한 언행은 국민을 실망시키고 국가를 혼란에 빠트린다. 그래서 공자는 지도자 위치에 있는 사람은 말을 신중하게 하고, 실천은 부지런히 하라고 한 것이다.

지금 우리 시대에 군자의 통치를 하는 사람은 잘 떠오르지 않는데, 속이 좁고 뻔뻔하며 독선적인 소인배들은 금방 떠오른다. 나만 그런 것일까?

홍범도 장군에 대한
역사 쿠데타를 멈추라

민사네 시국 논평
2023.9.11.

독립 영웅 흉상 철거 시도는 헌법 정신을 부정하는 행위

윤석열 정권은 한·미·일 신냉전 체제의 하위 동맹인 한일 야합에 장애가 된다고 생각하는 일제 침략사를 지우기 위해, 대한민국의 정신적 기반인 독립 영웅들의 독립 투쟁 자취마저 훼손하는 역사 쿠데타를 저지르고 있다. 윤 정권은 육군사관학교 교정 내 충무관 앞에 세워진 독립 영웅 다섯 분의 흉상을 철거하려다 국민의 거센 저항에 부딪혔다. 그러자 홍범도 장군의 흉상은 육사 밖으로

옮기고, 지청천·이범석·김좌진 장군과 이회영 선생의 흉상은 교정 내 다른 장소로 옮기겠다는 꼼수를 쓰고 있다.

2005년 헌법재판소는 헌법 전문에서 "3·1 운동으로 건립된 대한민국 임시정부의 법통을 계승"한다고 선언한 것은 "오늘날의 대한민국이 일제에 항거한 독립운동가들의 공헌과 희생을 바탕으로 이룩된 것"이라고 판시하였다. 독립 영웅 다섯 분의 흉상을 철거하려는 윤석열 정권의 시도는 이러한 헌법 정신을 정면으로 위배한 반민족적 폭거라 할 것이다. 우리나라의 존립 기반인 독립운동가들의 피 어린 투쟁과 희생을 부정하고, 민주 평화통일과 세계 평화에 어긋나는 한·미·일 군사동맹을 맹목적으로 추구하는 행태는 독립 정신 계승과 민주 평화를 지향하는 대한민국 헌법 정신을 위반하는 것이다. 이는 명백히 탄핵 사유에 해당한다.

과거사 지우기의 배경과 동기

윤석열 정권의 독립 영웅 지우기 폭거는 대외적으로

는 한·미·일 동맹의 실질적 주도국인 미국의 요구에 따라 일본에 일방적으로 굴복하고 선제적으로 양보한 외교적 참사이고, 대내적으로는 해방 후 친일 반민족 세력에 대한 청산 작업을 제대로 하지 못한 결과이다. 이는 최근 '식민지 근대화론'을 주장하는 뉴라이트 지식인들의 발호와도 연결되어 있다. 육사의 독립 영웅 흉상 철거 시도의 배후에는 박근혜 정부에서 소위 저들이 말하는 '좌편향의 역사 교과서'를 바로잡고 박정희를 다시 띄우려고 시도했던 뉴라이트 계열의 나종남 육사 교수(육군 대령)가 있다.*

윤 정권은 국정 운영을 국민의 생명과 안전, 국가의 경제적 실익, 세계 정세의 변화에 유연하고 주체적으로 대응하는 외교 전략에 기초하지 않고, 친미·친일 성향의 기득권층 입장만 의식하여 불투명한 미래를 장밋빛으로 전망하고 있다. 자국의 이익에 따라 움직이는 미국과 일본을 '동맹'으로만 인식하는 무능 외교의 극치를 드러내어, 국민에게 막대한 정치·경제적 부담과 불안을 떠넘기고

---

* 임재우 기자, <'박정희 독재 미화' 나종남 교수, 홍범도 흉상 철거 맡는다>, 《한겨레》, 2023.9.5.

있다.

일본을 '보편적 가치와 이익을 공유하는 파트너'라고 굳게 믿는 윤석열 대통령은 "100년 전의 일에 대해 무조건 무릎을 꿇으라고 해서는 안 된다."라는 몰역사적인 망언을 하여 일제의 한반도 침략과 반인륜적 행위에 면죄부를 주려 했다.

지난 9월 1일에는 1923년 간토대지진 때 일본 자경단에 의해 학살당한 조선인 6천6백여 분의 억울한 영혼을 추모하기 위해 도쿄 요코아미쵸 공원의 조선인 추도비 앞에서 여러 한일 단체가 공동 주최한 추도식이 열렸다. 일본 앞잡이의 언행을 자청해 온 윤석열 정권은 그동안 위안부 문제를 끈질기게 제기하여 일본 정부가 눈엣가시 같은 존재로 여겨 온 윤미향 의원이 그 추도식에 참석했다는 이유만으로 남북교류협력법 위반이니, 국회에서 제명해야 한다느니 하며 정권의 앞잡이인 수구 언론과 합세해 마녀사냥을 벌이고 있다.

홍범도 장군을 따를 것인가, 친일파 백선엽을 따를 것인가

윤석열은 국립외교원 설립 60주년 기념사에서 "아직도 공산 전체주의 세력과 기회주의적 추종 세력, 반국가 세력이 반일 감정을 선동하고 있다."라고 주장했다. 시민과 야당이 일본 정부의 후쿠시마 핵 오염수 해양 투기를 반대하고, 한일 과거사 현안에 대한 윤 정권의 대응에 저항하는 모습을 윤 정권은 몹시 불편해하고 있다. 일본이 핵 오염수를 해양에 투기하여 우리 국민의 생명과 재산을 위협하고 동해를 '일본해'로, 독도를 '다케시마'로 불러도 윤 정권은 항의 한마디 하지 않는다. 후쿠시마 핵 오염수가 안전하다는 홍보를 왜 우리 국민의 세금인 대통령실 예산을 써서 하는가. 두만강과 압록강 일대 그리고 만주에서 풍찬노숙하며 대한 독립을 위해 목숨 걸고 투쟁한 민족의 영웅 홍범도 장군의 흉상을, 나라를 지키는 임무를 지닌 호국간성(護國干城)을 양성하는 육군사관학교에서 왜 느닷없이 퇴출시키려 하는가. 이는 윤 정권 스스로가 반민족적 친일 신식민지 정권임을 증명하는 것이다.

정부와 육군사관학교는 이 나라를 지킬 육군 사관생도를 어떤 기준에 맞추어 교육할 생각인가. 1920년 봉오동 전투에서 일제 침략군 1개 대대를 격파한 민족의 독립 영웅 홍범도 장군을 본받아 양성할 것인가. 아니면 일본군 출신으로 독립군 토벌에 앞장섰고, 해방 후 독재 정권에 빌붙어 출세했으며, 악명 높은 사학재단인 선인학원을 온갖 비리와 편법으로 운영하여 인천 시민들의 격한 반발을 샀으며, 이로 인해 선인학원을 포기한 친일 부패 군인 백선엽을 본보기로 양성할 것인가. 윤 정권은 분명히 밝혀야 한다.

두 작가가 전하는 진실의 말을 들으라

홍범도 장군의 발자취와 관련 자료를 13년 동안 찾아다닌 끝에 《범도》 1·2권을 출간한 방현석 작가는 이렇게 말한다. "홍범도 장군은 승리 앞에서 오만했던 적이 없고, 패배 속에서도 비굴했던 적이 없었다. 헌신은 무한했으나 바란 대가는 전무했다. 그는 모든 사람을 오직 사람으로

홍범도상
(정찬민 서각 장인의 작품)

대했다. 노선과 이념, 계급으로 사람을 가르고 상대한 적
이 단 한 번도 없었다. 오직 자신의 힘으로 자기 앞의 문제
를 돌파했던 홍범도의 삶은 오늘을 살아가는 우리가 여전
히 배우고 따라야 할 모럴이다."

우리가 홍범도 장군을 지켜 내지 못한다면, 박완서 작
가가《오만과 몽상》이란 소설에서 지적했듯이, "매국노는

친일파를, 친일파는 탐관오리를, 탐관오리는 악덕 기업인을 낳고, 동학군은 애국 투사를, 애국 투사는 수위를, 수위는 도배장이를 낳는" 어처구니없는 현실이 앞으로도 계속 반복될 것이다.

3부

2024년

윤석열 퇴진과
비상계엄 내란에 대한 투쟁

오는 사월은 갈아엎는 달

– 못난 지도자는 끌어내리고 새로운 미래를 기획해야

민사네 시국 논평
2024.2.12.

최근에 있었던 아시안컵 준결승전에서 한국 축구 국가대표팀이 피파 랭킹이 한참 뒤진 요르단에 2:0으로 완패하는 것을 보면서 현재 윤석열 검찰 독재 정권하의 우리나라 현실을 보는 것 같은 자괴감이 들었다. 실력 있는 선수들을 보유하고도 아무런 작전이나 대책 없이 패배하는 것을 수수방관하고 있는 감독을 보면서, 뛰어난 국민을 암담한 현실로 몰아넣고 있으면서 대통령이라는 특권에 취해 온갖 불법과 비리를 저지르는 윤가 정권의 무능과 무도함을 떠올리지 않을 수 없었다.

경기가 끌려가도 아무 대책 없이 팔짱을 낀 채 상황을

지켜보기만 한 무능한 클린스만 감독이나, 어설픈 종미 외교 때문에 우리나라 수출의 최대 흑자국인 중국 수출이 막혀 경제가 폭망하고, 시대착오적인 미일 군사동맹 체제와 대북 강경책 때문에 남북 간 긴장이 고조되어 휴전선에 일촉즉발의 전쟁 가능성이 고조되어도, 희희낙락하며 수시로 외국을 드나들고 명백히 뇌물로 준 명품 백에 눈이 먼 아내를 용납하는 윤석열의 무도하고 뻔뻔한 행태가 닮아 있지 않은가. 같은 무능이라고 하더라도 민생을 도탄에 빠트리고 나라를 위기로 몰아넣은 윤석열의 죄는 축구 경기보다 훨씬 무겁고 중대함은 말할 필요도 없다.

이번 아시안컵에 참가한 손흥민, 이강인, 김민재 선수는 세계 최고 수준의 명문 구단인 영국 프리미어리그의 토트넘과 프랑스 리그1의 파리 생제르맹, 유럽챔피언스리그에서 수차례 우승한 독일 분데스리가의 바이에른 뮌헨에서 주전으로 뛰고 있는 월드클래스급 선수들이다. 이들이 포함된 이번 축구 국가대표팀은 아시안컵의 강력한 우승 후보로 예측되었다. 그러나 막상 조별 리그를 치러보니, 약체로 평가했던 요르단, 말레이시아와는 비기고, 16강 사우디아라비아전과 8강 호주전에서도 계속 끌려가

다가 막판 손흥민 선수의 개인기로 겨우 승리했을 뿐이었고, 작전은 없었다.

사법시험을 9수 끝에 합격하고, 사법연수원 시절에도 공부보다는 술 마시는 일을 즐겼으며, 검사로 임용된 뒤 특검으로서 인기를 얻자 음흉한 권력욕을 숨기다가 검찰총장에 임명된 뒤 수구 보수 세력을 등에 업고 급작스럽게 대통령 자리에 오른 윤석열은 나라를 통치할 수 있는 경륜이나 식견이 전혀 없었다.

집권 후 국민의 기대와 상식에 어긋나는 즉흥적인 언행으로 수시로 구설에 오르고, 주변국들과 불필요한 갈등을 일으켜 경제와 안보에 막대한 위험을 초래하기만 했다. 취임한 지 2년이 다 되어 가는 동안 국민 거의 절반의 지지를 받고 있는 야당 지도자를 공식적으로 만나서 대화한 적이 단 한 번도 없고, 자기의 검찰 수하들을 시켜 괴롭히고 망신을 주는 기우제식 수사를 끊임없이 벌여 왔다. 국민의 고통을 덜어 주고 미래에 희망을 주는 정치가 아니라, 정론의 사명을 버리고 권력의 치질을 핥아 주는 더러운 기레기들과 합작하여 검찰 독재 국가를 구현하며 기득권 보수층의 장기 집권을 획책하고 있다.

사람은 누구나 불완전하고 실수할 수 있다. 문제는 자기 잘못을 정직하게 성찰하고 개선된 행동을 하느냐, 그렇지 못하느냐다. 실수와 잘못을 저질러 놓고 그것을 솔직하게 인정하지 않고 남의 탓으로 돌리거나 핑계를 대면서 면피하려는 뻔뻔스러운 자세가 문제다. 똑같은 실수가 반복되면 그것은 실수가 아니라 실력이 없는 것이고, 자기의 실수를 다른 사람에게 전가하고 명백히 잘못된 언행을 언론 탓으로 돌리며 국민이 오해해서 그렇다고 뻔뻔스럽게 똥고집을 부리는 지도자는 갈아치우는 수밖에 없다. 독일의 신학자 디트리히 본회퍼는 사람을 계속해서 치어 죽이는 운전사는 그 실수를 이해해 줄 것이 아니라 운전대에서 끌어내려야 한다고 했고, 맹자도 사랑[仁]과 정의[義]를 해치는 잔적지인(殘賊之人)은 '일개 필부[一夫]'에 불과하니 제거하는 것이 나라의 평화를 이루는 길이라고 하였다.

이번 축구 국가대표팀에는 세계의 축구 팬들이 좋아하는 선수들이 많아 한국의 이미지와 위상을 높이고 있듯이, 최근 들어 문화·예술계에서도 세계적으로 주목받는 문화·예술인들이 활약하고 있다. 프랑스 칸 영화제의 황

금종려상에 이어 영화의 본고장 미국 할리우드에서 아카데미 작품상과 감독상을 탄 봉준호 감독, 젊지만 세계적인 연주가로 각광받고 있는 임윤찬 피아니스트, 영국의 맨부커상과 프랑스 메디치상을 받은 한강 작가는 문화·예술계의 월드클래스라 할 수 있다. 그런데 몰상식한 윤가 검찰 정권에서는 이렇게 세계인이 주목하고 있는 인재들도 블랙리스트에 올리고 있다.

무도한 윤석열 정권 아래서 수난을 당하는 사람들이 어디 이들뿐이겠는가. 직접적으로 무소불위한 검찰 독주를 막기 위해 검찰 개혁을 시도했던 조국과 추미애 두 전직 법무부 장관과 검찰 조직 내에서 바르고 양심적인 목소리를 내던 이성윤 검사장, 임은정 검사와 박은정 검사는 여전히 얼토당토않은 직권 남용 혐의로 계속 불려 다니며 모욕을 당하고 있다. 또한, 작년 수해 때 실종자를 수색하기 위한 대민 봉사활동을 하다가 숨진 채수근 해병의 사고 원인과 책임을 밝히기 위한 수사를 지휘한 박정훈 해병 대령이 오히려 항명죄로 재판을 받는 어처구니없는 일이 벌어지고 있다. 이것이 윤석열 정권의 고무줄 법 적용의 실상이다.

박정훈 해병 대령을 응원하는 필자

　이제 아시안컵 대회는 끝났고, 윤 정권도 2년 차로 접
어들어 냉정한 평가를 할 때가 되었다. 경기에서 어이없
는 패배를 당하지 않고, 국정의 실패를 거듭 맛보지 않기
위해서는 무능한 클린스만 감독을 교체해야 하며, 국민이
나라의 주인이라는 주권재민의 민주공화국 가치를 훼손

하고 '검찰의, 검찰 패밀리를 위한, 검찰에 의한' 검찰 카르텔 국가를 꿈꾸는 윤석열 정권을 심판해야 한다.

입춘이 지나고 설날이 왔고, 나라의 주권자인 국민이 합법적으로 세상을 바꿀 수 있는 4월 10일 총선이 다가오고 있다. 정치검찰, 부패 언론, 독점적인 자본가들의 카르텔을 해체하고, 생태 위기와 문명 전환의 시기를 맞아 우리 깨어 있는 국민들이 세계 시민들과 함께 평화를 꿈꾸고 더불어 새로운 미래를 기획할 수 있어야 한다. 국민의 뜻이 제대로 반영되는 진정한 '민의의 전당' 국회를 구성할 수 있도록 총알보다 무서운 투표를 통해 검찰 독재를 갈아엎고 민주주의 사회를 건설해야 한다. 다가올 4월 10일이 폭정을 갈아엎고 새로운 출발을 알리는 날이 되기를 소망한다.

텍스트와 글쓰기가 얼마나 자기 시대의 최전선에 다가설 수 있을까

– 박희병의 《한국고전문학사 강의》를 읽고

페이스북
2024.5.11.

오랜만에 국문학자로 돌아와서

2018년 8월 말에 정년퇴직하고, 그동안 현직 교수에게 요구되었던 연구와 논문 집필의 부담에서 벗어나 읽고 싶은 책을 읽고 자유롭게 노닐며 천하의 숨은 고수들을 만나 사귀고자 했다. 그러다 보니 자연히 전공이었던 고전문학과는 소원해지고, 그간 관심 있었던 《노자》와 《장자》를 공부하면서 '생태 위기 시대에 노자 읽기' 강의를 진행했고, 올해 초에는 《장자》 〈소요유(逍遙遊)〉와 〈제물론(齊物論)〉의 텍스트를 시민들과 함께 읽었다.

그러다가 상식 이하의 폭군을 맞아 도저히 서실에서 편안히 책만 읽을 수가 없어서, 지난 2년간 매주 주말 태평로 거리에 나가 뜻있는 벗들과 함께 검찰 독재의 종식을 요구하는 촛불과 피켓을 들었다. 그러던 중 이번 4월 총선에서 윤석열 검찰 독재 정권에 대해 사실상 탄핵 수준의 심판이 내려져 민의를 대변할 수 있는 국회가 구성될 전망이 보였다. 윤 정권의 사임과 탄핵을 예의 주시하면서 다시 독서 학인의 본분으로 돌아왔다.

마침 오랫동안 같은 고전문학도로서 의기투합하면서 내게 많은 지적 자극을 주었던 박희병 서울대학교 명예교수가 서울대 국문학과에서의 마지막 국문학사 강의를 엮은 《한국고전문학사 강의》(돌베개, 2023) 1·2·3권을 보내왔다. 1980년대에 매주 토요일 오전 신호열 선생님 문하에서 《연암집》 강독회에 참석해 함께 공부했고, 1987년 민주화운동 이후 국문학 분야의 진보적 학술연구회인 '민족문학사연구소'(공동대표 이선영·임형택)를 만들 때부터 많은 일깨움을 준 박희병 교수가 수십 년간 강단에서 강의했던 한국고전문학사를 집대성해 펴낸 책이라 몹시 궁금했다. 이런저런 일로 독서할 시간이 없다가 총선 이후 마

박희병의
《한국고전문학사 강의》

음을 다잡고 집중적으로 읽기 시작했다.

　보잘것없는 나의 공부 생활을 되돌아보니, 학부 시절에
는 군 복무를 마치고 3학년으로 복학한 1975년 1학기 때
수강한 농업사학자 김용섭 선생님의 '한국 근대사' 강의
에 큰 영향을 받았던 것 같다. 대학원 시절에는 조동일 선
생님과 임형택 선생님의 논문과 저서를 보며 많은 지적
자극을 받았다. 그리고 선후배나 동년배 가운데 특히 나
의 주목을 끈 이는 박희병 교수였다. 박 교수와 나는 민족

문학사연구소에서 같이 활동하면서《북한의 우리문학사 인식》,《민족문학사 강좌》등 당시로서는 진보적인 시각을 담은 책들의 공동 기획 및 필자로 참여하며 비슷한 문제의식을 공유했다. 나는 1970년에 대학에 입학해 75학번인 박 교수보다 조금 선배이긴 하지만, 현실에 대한 문제의식과 진지한 연구 자세는 박 교수에게 배우는 바가 많았다.

얼마 전 2024년 2월 24일 자《한겨레》주말 북 세션 '나의 첫 책'에 박 교수가 1992년에 출간한《한국고전인물전연구》(한길사, 1992) 기사가 났다. 박 교수는 이 책이 문학·역사·사상·예술을 통합적으로 연구하는 통합인문학의 출발점이었다고 술회하였다.

우리가 역사를 올바로 이해하기 위해서는 역사적 사건의 시말에 대한 총체적 파악과 더불어, 그 사건의 주역과 막후 인물들에 대한 세심한 배려가 요청된다. 사마천의《사기》열전이나 김부식의《삼국사기》열전은 공식적 역사 기록인 본기(本紀)의 서술을 보충할 뿐 아니라, 그 시대에 활약했던 인물들의 인간적인 면모까지 보여 준다는 점에서 역사 서술인 동시에 문학이다.

이같이 역사 속 인물의 행적을 다루는 문학 양식인 '전 (傳)'은 공식적인 역사서뿐만 아니라 문사들의 개별 문집 곳곳에서도 쉽게 찾아볼 수 있다. 원효, 최치원에서부터 조선 후기 문인들에 이르기까지 끊임없이 지어진 우리나라 인물전에 대해서는 그동안 국문학계에서도 많은 관심을 기울여 왔다. 그러나 이러한 관심은 대개 입전 대상이 된 인물의 특이한 행적에 대한 탐구나, 소설적 경향을 보이는 전 작품들에 대한 선별적 연구에 머물러, 입전 인물의 계급적 성격이나 전 양식이 갖는 역사·문학적 특성에 대한 총체적 해명은 이루어지지 못한 실정이다.

박희병 교수의 진지한 학문 탐구의 소산인《한국고전인물전연구》는 기존의 흥미 위주의 편의주의적 연구 방법을 뛰어넘어, 개인의 밀실에 갇혀 있던 인물전들을 역사의 지평으로 끄집어내어 입전 인물들을 역사 속에서 살아 숨 쉬는 인간으로 재현해 내고 있다. 화려한 각광을 받았던 역사의 주역들 뒤편에서 그들을 추동하고, 때로는 민중과 연대한 인물들을 입전한 인물전에 대한 이러한 동태적 연구는 역사와 인간에 대한 이해를 심화시킨다. 우리는 이러한 탐색을 통해 역사 속에서 살아 숨 쉬는 "평범한 사람들의 삶의 자취와 고뇌, 그들의 비애와 결단, 높은 기백과 자긍심, 삶에 대한 진지하고도 엄숙한 자세, 죽음에 임하는 결연한 태도"를 배울 수 있고, 문제적 역사 현실을 살아가는 우리의 모습과 삶의 자세를 다시 한번 성찰하게 된다.

이 책에 실린 일곱 편의 글은 발표될 때마다 새로운 연구 방향을 모색하던 젊은 연구자들에게 신선한 지적 충격을 주었고, 역사주의적 문학 연구 수준을 제고하는 데 선도적 역할을 했다. 그중 네 번째로 실린 〈조선 후기 민간의 유협 숭상과 유협전〉은 저자의 투철한 역사의식과 문학적 상상력이 가장 정채를 발하는 글이 아닌가 생각된다. 이 글에서 저자는 유협과 유협전에 대한 개념사적 문학사를 정리한 뒤, 조선 후기 유협전의 성립 배경을 점차 해이해지던 조선 시대 공권력의 약화와 그에 따른 기존의 도덕과 법률에 대한 민중의 불신에서 찾는다. 조선 후기 유협은 이러한 민간 질서에 대한 통제력을 상실하고 있던 공권적 지배력을 대신하여 민간에서 시비를 분별하고 정의를 수호하는 역할을 담당하고 있었다는 점을 규명하고 있다. 조선 후기 유협전은 바로 이러한 당대 사회의 역사적 산물로서, 정의의 옹호와 신의, 억강부약의 미덕을 실천하던 일종의 문제적 인물인 유협을 입전한 것이라는 결론을 내리고 있다. 이는 당시 조선 후기 시정 사회에 대한 이해를 넓히고, 인물전 연구의 수준을 역사적 인간학으로까지 끌어올렸다고 해도 지나친 평가는 아닐 것이다.

우리는 이 책을 통해 우리나라 고전도 해석하기에 따라 얼마든지 오늘날의 생활 교양으로 재창조될 수 있음을 실증적으로 확인할 수 있다. 연암 박지원이 말한 '법고창신(法古創新)'의 뜻이 이런 데 있지 않겠는가.

《한국고전문학사 강의》의 주안점과 서술 시각

해방 후 우리 한국사와 한국문학사의 첫 번째 과제는 일제 강점기에 심어진 식민사관의 정체성 이론과 타율적 발전 논리를 극복하고, 면면히 이어져 온 우리 역사와 문화 전통을 여하히 현대적인 문법으로 재구축하느냐 하는 것이었다. 일제 강점기에도 박은식, 신채호, 정인보 등의 민족사학자와 백남운 같은 경제사학자들이 민족사의 자주적 발전과 역사운동 법칙을 해명하려 한 선구적인 노력이 있었지만, 1960년 4·19 혁명 이후 본격적으로 식민사관 극복과 민족주의 사관 수립을 위한 연구 작업이 이루어졌다. 그 대표적인 사례가 남쪽의 역사학자 김용섭·강만길 선생과 북쪽 허종호 선생의 조선 후기 사회에 대한 새로운 시각의 연구일 것이다.

그러나 일제가 심어 놓은 식민사관의 영향은 결코 만만치 않아서 오늘날에도 정계와 문화계는 물론, 학계에도 새로운 형태의 식민사관이라 할 수 있는 '식민지 근대화론'이 횡행하고 있다. 새로운 친일파라고 할 수 있는 인사들이 비민주적이고 반민족적인 퇴행적 권력에 기생하여 육군사관학교에 세워진 홍범도 장군을 비롯한 독립 영웅들의 흉상을 철거하려고 하는가 하면, 일제 치하에서 강제 동원된 징용 노동자들의 권리와 위안부 할머니들의 인권에 대한 대법원의 정당한 판결을 뒤집으려 하고 있는 것이 현실이다.

이러한 역사 퇴행적인 움직임이 일어나고 있는 어처구니없는 현실 속에서 이번에 출간된 박희병 교수의 《한국고전문학사 강의》를 읽는 소회는 남다를 수밖에 없다. 한국 경제사학계에서도 이미 이영훈 등이 주장한 식민지 근대화론의 성격이 '수탈을 위한 근대화'였음을 밝혀낸 연구 성과가 보고되었고, 역사학계에서도 차갑게 외면당하고 있었지만 한국문학사 분야에서 이렇게 방대하고 구체적인 실증 작업을 통해 한국고전문학사가 타율적으로 발전한 것이 아니라 주체와 외인의 변증과 통합을 통해 독자적인 발전을 이루어 왔음을 쉽게 설명해 주는 책은 처음이 아닐까 한다.

물론 국문학계에서는 일찍이 민족사관에 입각한 조윤제의 《한국문학사》가 출간되었고, 조동일의 《한국문학통사》 같이 역사의 시간, 문학 갈래, 문학 담당층을 아우르는 관점에서 기술된 문학사가 있었다. 박희병 교수도 젊은 시절 참여했던 민족문학사연구소의 《민족문학사 강좌》를 시민 독자에게 선보인 바 있다.

그러나 이번에 박 교수가 정년을 맞아 출간한 《한국고전문학사 강의》 세 권은 그간의 학계 연구 성과와 국문학사 업적을 수용하면서도 문학·역사·사상·예술을 통합적으로 연구하려는 박 교수의 문제의식과 최근 연구 성과를 집대성해 식자층과 시민 독자에게 선보이고 있다는 점에서 매우 주목할 만한 저작이라 평가할 수 있다.

박 교수는 이 책의 서문에서 이 한국문학사 강의의 시좌(視座)가 세 가지임을 밝힌다. 첫 번째는 문학사 공부를 통해 '문학·역사·사상'에 대한 거시적 이해의 폭과 인문학적 안목을 넓히는 것, 두 번째는 문학사 속에 등장하는 다양한 인간을 통해 '인간'에 대한 이해를 심화하는 것, 세 번째는 '나'와 '타자'의 관계에 대한 인식을 심화함으로써 나의 정체성과 타자에 대한 이해를 심화하는 것이다.[*]

한국사를 공부할 때 왕조의 성장과 몰락 연대를 외우고, 등장인물의 명성에만 현혹되면 따분해지거나 주관의 과잉으로 떨어지기 쉽다. 그런데 박희병 교수의 《한국고전문학사 강의》는 쉽고 읽는 재미가 있다. 이는 일차적으로 그동안 몰랐던 작가와 작품을 새롭게 아는 데서 오는 지적 충족감 때문이기도 하지만, 더 깊게는 "문학사 속 인간들의 희로애락과 고뇌, 그들의 이상과 꿈과 좌절, 그들이 지녔던 열망, 간고한 삶 속에서도 끝내 포기하지 않았

---

* 박희병, 《한국고전문학사 강의》 1권, 돌베개, 2023, 9쪽.

던 가치들"*에 대한 공감에서 비롯되는 것이기도 하다.

　내가 이 책을 읽고 느낀 첫인상은 박 교수가 투철한 문제의식을 지니고 있으면서도 결코 어느 하나의 이론이나 특정 관점에 사로잡히지 않았다는 것이었다. 박 교수는 홍대용이 말한 '공관병수(公觀倂受: 여러 사상을 공정하게 살펴 그 장점을 두루 받아들인다)'의 입장에서 문학사를 서술함에 있어 외래[華風]와 주체[土風] 가운데 어느 한쪽에 편향되지 않고, 작가와 작품에 대한 선입견 없이 작가 스스로의 목소리를 듣고, 작품 세계 자체의 메시지를 온당하게 드러내려 하였다.

정신의 궤적으로서의 고전문학사 서술과 하위 주체에 대한 관심

　박희병 교수의 《한국고전문학사 강의》는 역사의 시대

---

*　박희병, 《한국고전문학사 강의》 1권, 돌베개, 2023, 10쪽.

순으로 중요 작가와 작품을 소개하는 것을 목표로 하지 않고, 문학 작품을 창작한 다양한 인간들의 내면세계에 대한 이해, 즉 그들의 정신과 삶이 그린 사회·역사적 궤적에 대한 이해를 도모하는 데 목표를 두고 있다. 이에 따라 박 교수는 신화, 전설, 민담, 판소리 같은 구비문학을 창작한 문학 담당층의 삶과 의식, 그들만의 독특한 민중적 세계관을 규명하고, 한글이 창제되기 이전 한문으로 문학 작품을 산생한 문인 지식인들의 정치적 지향과 의식을 개인과 집단으로 나눠 그 특성을 밝혔다. 또 한글 시가, 국문 소설을 비롯한 한글 산문류 중 주요 작품의 미학을 규명하면서도 늘 작품을 창작한 작가라는 '인간'의 마음과 정신에 초점을 맞추고 있다.

그리하여 이 책의 첫머리는 당시의 지배층인 왕후장상의 풍류 문학이 아니라 단군신화와 광개토대왕 비문 같은 나라의 위엄과 자존을 드러내는 글들이 장식하고 있다. 그다음에는 한문학의 비조인 최치원의 인생행로와 풍류도 사상, 우리나라 최초의 개인 문집인《계원필경》의 문학 세계를 소개하는 것을 시작으로, 고려 시대의 이규보, 조선 전기의 김시습과 임제, 조선 중기의 허균과 허난설헌, 조선 후기의 홍대용과 박지원을 중심으로 한 담연(湛燕) 그룹, 이윤영과 이인상의 단호(丹壺) 그룹을 차례로 조명한다. 또, 중인 역관으로서 시정 서민들의 삶을 형상화한《호동거실》의 작가 이언진, 정약용과 이학규의 유배시, 근대를 선취하려 했던 김려와 이옥의 문학 작품을 집중적으로 다루고 있다.

또한 문학사 서술이라는 책의 성격상 정철의 가사와 윤선도의 시조,《홍길동전》을 비롯한 국문 소설의 발생과 발전, 판소리와《춘향전》,《홍부전》같은 판소리계 소설의 발전, 야담의 성행과《청구야담》, 탈놀이와 민중 의식에 대해서도 빠트리지 않고 논의하고 있다.

이 책의 서술에서 두드러지는 특징 가운데 하나는 여성 작가들의 주체적인 모습과 개성 있는 작품에 주목하고 있다는 점이다. 박 교수는 조선 중기의 여류 문인으로 황진이, 허난설헌, 이옥봉, 매창 같은 작가들에 주목한다. 이어서 조선 후기 문학사 서술에서도 임윤지당, 남의유당, 이빙허각, 이사주당, 초옥과 같은 여성 작가들과 〈덴동어미화전가〉의 주인공 덴동어미에 특별한 관심과 주의를 기울여 언급하고 있다.

이는 박 교수의 시선이 비판적인 지식인의 문학 세계에만 머물지 않고 중인과 서얼, 일반 서민과 여성, 광대와 천인을 비롯한 문학사의 하위 주체들에 대해서도 애정과 관심을 기울이고 있음을 보여 주는 것이라 하겠다.

이러한 발전 과정을 거친 한국의 고전문학은 한국이 세계 자본주의 체제에 편입되는 계기가 된 1876년의 강화도조약과 1894년의 갑오개혁을 거치면서 근대화 과정 속에서 서서히 근대문학으로 교체된다.

그런데 우리나라의 근대화가 일본 제국주의의 침략으로 인해 타율적 근대화의 길을 가게 되면서 우리 문학사를 바라보는 시각도 오랜 역사·문화적 전통과 축적된 문학 유산을 무시하고 일본과 서구의 문학을 일방적으로 이식하려는 몰주체적 시각으로 떨어지게 되었다. 이러한 사태에 대해 박 교수는 전통은 결코 완전히 단절되는 법이 없고, 한편으로는 단절되는 면이 있으면서 다른 한편으로는 계승된다고 말한다.* 그런 대표적인 사례로 신소설 작

---

* 박희병, 《한국고전문학사 강의》 3권, 돌베개, 2023, 466쪽.

가 이해조를 든다. 이해조의 《화(花)의 혈(血)》은 동학농민전쟁을 소재로 삼아 판소리계 소설인 《춘향전》을 패러디한 작품이며, 나아가 이해조는 《춘향전》을 완전히 개작해 《옥중화》라는 신소설을 창작하기도 했다는 것을 사례로 제시하고 있다.

끝으로 박 교수는 우리의 고전문학사는 궁극적으로 '인간'의 마음과 정신을 탐구하고자 하며, 그러기 위해서는 사회적·역사적 지평에서 고전을 바라봐야 한다는 견해를 강조하며 김시습의 〈방본잠(邦本箴): 국가의 근본에 대한 잠언〉을 인용한다.[*]

조금이라도 인민의 원망이 있게 되면

임금 당신의 잘못이니

하늘이 죄를 내리시어

당신의 나라를 빼앗아

훌륭하고 어진 이에게 주리니

[*] 박희병, 《한국고전문학사 강의》 2권, 돌베개, 2023, 83~84쪽.

당신이 필부로 떨어져

하루아침에 권력을 잃는다면

뉘우친들 소용없네

— 김시습, 〈방본잠〉

신경림 선생의 소탈한 삶과
위안으로서의 시

《씨알의 소리》
2024년 7~8월호

신경림 선생의 별세가 준 상실감

지난 5월 신경림(1936.4.6.~2024.5.22.) 시인이 별세하였다
는 소식을 듣고 많은 사람이 슬퍼하였다. 평소 시인과 가
까이 지내던 문단의 동료와 후배는 물론, 그의 시를 읽고
위로를 받았던 독자들의 상실감은 매우 컸다. 서울대병원
장례식장에 차려진 빈소에는 문인들뿐 아니라 일반 시민
들의 발길이 끊이지 않았고, 장례 행렬에는 참으로 오랜
만에 시인을 기리는 만장들이 등장하여 선생이 가는 마지
막 길을 뒤따랐다.

이 소고는 평소 신경림 선생의 소탈한 풍모를 존경했고, 우리말의 전통 운율과 민요 가락을 되살려 우리 서민들의 애환을 쉽고도 절절하게 노래한 선생의 시들에 많은 위로를 받았던 독자의 한 사람인 필자가 선생께서 만년에 간행한 《신경림 시전집》 1·2권(창비, 2004)을 읽고 쓴 서투른 독후감이라 할 수 있다.

필자는 전공이 한국한문학이라 평소에 《시경》과 두보(杜甫)의 시를 자주 접하고, 애국연민(愛國憐民)적인 시풍의 다산시(茶山詩)를 즐겨 읽어 왔다. 다산 정약용 선생은 조선 후기 사회가 터럭 하나도 병들지 않은 것이 없다고 하면서 참된 선비는 백성을 이롭게 하고 만물을 번육케 하려는 독서를 해야 하며, "나라를 걱정하지 않으면 시가 아니고, 시대를 아파하고 세속을 통분하지 않으면 시가 아니고, 옳은 것을 찬미하고 잘못을 풍자하며 선을 권장하고 악을 징계하는 뜻이 없으면 시가 아니다."*라고 하였다.

최근에도 어느 양심적인 시인이 시인의 정체성에 대해

---

* 정약용, <기연아(寄淵兒)> 중에서.

이렇게 술회하였다.

> "눈물로 세상의 온갖 상처 지워 보지 못한 사람 시인 아니다. 그러나 자기 상처에만 갇혀서 우는 사람 시인 아니다. 남이 울고 아플 때 함께 울고 아픈 사람 시인이지만, 그 아픔과 울음 끝에 내생의 별 하나 남기지 못하는 사람 시인 아니다. 맨 먼저 울고 맨 나중 그치는 사람 시인이지만, 눈물이 언어가 되지 못하는 사람 시인 아니다."
>
> — 류근 시인의 페이스북 (2024.6.10.)

신경림 선생의 별세를 많은 시민이 슬퍼하고 애석해하는 이유는 다산 선생이나 류근 시인이 말한 것처럼, 백성을 사랑하고 우리와 함께 울어 주고 아파한 그분의 삶과 애민적 시 세계 때문일 것이다.

일제 강점기 일본 제국주의자들은 당시 조선인에게 "민적이 없는 자는 인권이 없다. 거지는 인격이 없다."*라

* 한용운, <당신을 보았습니다> 중에서.

고 망언을 지껄였다. 그런데 해방된 지 70년 가까이 되는 21세기에 와서, 멧돼지처럼 무도하게 설치며 온 나라를 쑥대밭으로 만드는 윤가란 자로부터 "가난한 사람은 자유를 모르고, 유통 기간이 지난 음식물을 먹어도 된다."라는 폭언을 들을 줄은 몰랐다.

이렇게 제국주의자와 독재자들로부터 모욕을 당하고 폭언을 들으며 힘든 세월을 보내는 동안 우리 씨알들의 어려운 처지를 이해하고 따뜻하게 위로해 준 것은 신경림 선생의 시였다.

《씨알의 소리》에 실린 신경림 선생의 시

파란만장한 현대사의 질곡 속에서 고난의 삶을 영위한 우리 씨알들의 목소리를 담아내고 있는 《씨알의 소리》에 신경림 선생은 네 편의 시를 기고하셨다. 1976년 11~12월 호(통권 59)에 처음 실린 작품이 그 유명한 〈목계장터〉이고, 두 번째로는 1977년 4~5월호(통권 63)에 《씨알의 소리》 창간 7주년을 축하하는 기념시 〈친구여〉가 실렸다. 세 번째는 1987년 3월호(통권 99)에 실린 〈빈집〉이고, 네 번째로는 2000년 5~6월호(통권 154)에 1960년 4·19 혁명과 1980년 5월 광주민중항쟁 때 숨진 영령들을 위한 추모시 〈그대들 뿌린 피의 힘으로〉가 실렸다.

1976년 《씨알의 소리》 59호에 실렸다가 시집 《새재》(창작과비평사, 1979)에 수록된 〈목계장터〉를 살펴본다.

하늘은 날더러 구름이 되라 하고
땅은 날더러 바람이 되라 하네
청룡 흑룡 흩어져 비 개인 나루
잡초나 일깨우는 잔바람이 되라네
뱃길이라 서울 사흘 목계 나루에
아흐레 나흘 찾아 박가분 파는
가을볕도 서러운 방물장수 되라네
산은 날더러 들꽃이 되라 하고
강은 날더러 잔돌이 되라 하네
산서리 맵차거든 풀 속에 얼굴 묻고
물여울 모질거든 바위 뒤에 붙으라네
민물 새우 끓어 넘는 토방 툇마루

석삼년에 한 이레쯤 천치로 변해

짐 부리고 앉아 쉬는 떠돌이가 되라네

하늘은 날더러 바람이 되라 하고

산은 날더러 잔돌이 되라 하네

　　　　　　　　　　　 – 신경림, 〈목계장터〉

　시인이 자란 곳은 전형적인 농촌 마을이 아니라 여러 사람이 뒤섞여 살아가는 장터가 가까운 곳이었던 것 같다. 서울에서 뱃길로 사흘 걸려 목계나루에 펼쳐진 장터는 박가분도 팔고 방물장수도 설치는 곳이었다. 그런데 시인은 장터에 살면서도 구름과 바람이 되라고 하는 하늘과 땅의 소리, 들꽃과 잔돌이 되라고 하는 산과 강물의 소리를 듣는다. 이 〈목계장터〉는 산서리가 맵차고 물여울이 모질면 짐 부리고 앉아 쉬는 떠돌이가 되겠다는 시적 화자의 자연 친화적인 모습이 잘 드러난 시다.

　《씨알의 소리》 창간 7주년에 부쳐'라는 부제가 붙은 〈친구여〉에서 '친구'는 이 시대 씨알들의 벗인 《씨알의 소리》를 지칭함은 두말할 필요가 없을 것이다.

한밤에 눈을 뜨고 있는 친구여

일어나라 일어나라 외쳐대는 친구여

친구여 너는 부르짖었다

보라 보라고 흙담 너머로

쏟아지는 저 꽃이파리들을 보라고

찢기고 멍든 저 꽃이파리들을 보라고

한밤에도 잠을 자지 않는 친구여

눈을 떠라 눈을 떠라 외쳐대는 친구여

친구여 너는 부르짖었다

일어나라 일어나라고 어두운

거리에 깔리는 저 아우성을 들으라고

　　　　　　　　　－ 신경림, 〈친구여〉 중에서

　박정희 유신 독재 체제가 광기를 부리던 때인 1977년
에 유일하게 정의와 민주주의를 수호하는 목소리를 내었
던 《씨알의 소리》를 '눈을 뜨라고, 일어나라고 외치고 한

밤에도 잠을 자지 않고 눈을 뜨고 찢기고 멍든 꽃이파리를 보라고 외치는 친구'로 표현하고 있다. 이 〈친구여〉에서 신경림 시인이 말한 '어둠 속에서도 의식이 잠자지 않고 깨어 있으면서 일어나라고 외치는 친구'는 새벽을 일깨우기 위해 "눈더러 보라고 마음 놓고 기침을 하자"*라고 한 김수영 시인이나, "온 세상이 다 나를 버려 마음이 외로울 때도 '저 마음이야' 하고 믿어지는 그 사람을 그대는 가졌는가"**라고 한 함석헌 선생의 시에서 보이는 '친구'와 기맥이 통할 것이다.

이처럼 신경림 시인은 민요조의 가락과 서정적인 시풍으로 서민들의 애환을 절묘하게 담아내면서도, 당시의 왜곡된 역사 현실에 대한 긴장과 치열한 저항 정신을 놓치지 않았다. 이러한 정신은 1993년에 간행된《쓰러진 자의 꿈》에 실린 〈홍수〉라는 시로 이어지고, 자연환경에 대한 우려를 드러낸 〈이제 이 땅은 썩어만 가고 있는 것이 아니다〉 같은 문제작으로 확산된다.

---

* 김수영, <눈> 중에서.
** 함석헌, <그 사람을 그대는 가졌는가> 중에서.

씨알과 동고동락하면서 쓴 위로의 시편들

신경림 선생은 평생 "나 자신이나 남을 속이지 말고, 분수를 알자는 소박한 소신"을 가지고 있었고, "고생하면서 어렵게 사는 이웃들의 생각과 뜻을 내 시는 외면하지 않겠다."라고 다짐했고 이를 실천했다.

이런 정신은 앞서 말한 대로 '애민적 시 세계'라 할 수 있는 것으로, 힘든 나날을 살아가는 씨알들에게 다시 일어설 수 있는 용기와 마음의 위로를 주었다. 신경림 선생의 시가 우리에게 꾸준히 사랑받고 있는 것은 바로 이런 이유 때문일 것이다. 많은 이가 애송하는 〈가난한 사랑 노래〉를 다시 읽어 본다.

> 가난하다고 해서 외로움을 모르겠는가
> 너와 헤어져 돌아오는
> 눈 쌓인 골목길에 새파랗게 달빛이 쏟아지는데
> 가난하다고 해서 두려움이 없겠는가
> 두 점을 치는 소리
> 방범대원의 호각 소리 메밀묵 사려 소리에

눈을 뜨면 멀리 육중한 기계 굴러가는 소리

가난하다고 해서 그리움을 버렸겠는가

어머님 보고 싶소 수없이 뇌어 보지만

집 뒤 감나무에 까치밥으로 하나 남았을

새빨간 감 바람 소리도 그려 보지만

가난하다고 해서 사랑을 모르겠는가

내 볼에 와닿던 네 입술의 뜨거움

사랑한다고 사랑한다고 속삭이던 네 숨결

돌아서는 내 등 뒤에 터지던 네 울음

가난하다고 해서 왜 모르겠는가

가난하기 때문에 이것들을

이 모든 것들을 버려야 한다는 것을

— 신경림, 〈가난한 사랑 노래〉

〈가난한 사랑 노래〉는 가난 속에서도 느끼는 사랑과 그리움, 외로움 등을 섬세하게 그려 낸 시다. 가난하다고 해서 외로움, 두려움, 그리움, 사랑을 모르는 것은 아니다. 오히려 가난하기에 더 깊게 인생을 체득하고 더 깊이 느낄 수도 있다. 시인은 어렵게 살아가는 내 이웃들의 고통과 슬픔을 외면하지 않겠다는 다짐을 이 절창의 시로 드러내고 있다. 시적 화자는 가난 속에서도 사랑을 느끼고, 그로 인해 고통스러워하면서도 그것을 인정하고 받아들인다. 이 시는 인간의 행복과 마음이 물질적 조건에 의해 규정되는 것이 아니며, 오히려 가난 속에서도 더욱 순수하고 진정한 사랑이 가능함을 일깨움으로써 많은 사람에게 위로와 용기를 주고 있다.

아무래도 나는 늘 음지에 서 있었던 것 같다
개선하는 씨름꾼을 따라가며 환호하는 대신
패배한 장사 편에 서서 주먹을 부르쥐었고
몇십만이 모이는 유세장을 마다하고
코흘리개만 모아놓은 초라한 후보 앞에서 갈채했다
그래서 나는 늘 슬프고 안타깝고 아쉬웠지만
나를 불행하다고 생각한 일이 없다
나는 그러면서 행복했고
사람 사는 게 다 그러려니 여겼다

쓰러진 것들의 조각난 꿈을 이어 주는

큰 손이 있다고 결코 믿지 않으면서도

　　　　　　　　　　　－ 신경림, 〈쓰러진 것들을 위하여〉

"못난 놈들은 서로 얼굴만 봐도 흥겹다"*라고 하여 못
난 사람과 가난한 사람에게 따뜻한 시선을 주었던 신경림
시인은 "우리는 가난하나 외롭지 않고, 우리는 무력하나
약하지 않다"**라고 격려한다. 선생은 민중의 가난과 고통
에 대해 편파적인 관심과 사랑을 가지고 어렵게 살아가는
씨알들의 내면세계를 애정 어리게 응시한다.

언제부턴가 갈대는 속으로
조용히 울고 있었다.
그런 어느 밤이었을 것이다. 갈대는
그의 온몸이 흔들리고 있는 것을 알았다.

바람도 달빛도 아닌 것.

*　신경림, <파장(罷場)> 중에서.
**　신경림, <시골 큰집> 중에서.

갈대는 저를 흔드는 것이 제 조용한 울음인 것을
까맣게 몰랐다.

산다는 것은 속으로 이렇게
조용히 울고 있는 것이란 것을
그는 몰랐다.

– 신경림, 〈갈대〉

〈갈대〉는 신경림 시인의 대표적인 시 중 하나이다. 가난한 사람들끼리 만나면 흥겹고 결코 외롭지 않다고 자위하지만, 실존적 개별 인간은 기본적으로 외롭고 흔들리는 존재이다. 이 시는 갈대가 흔들리는 모습을 통해 인간의 내면세계를 표현하고 있다. 갈대가 흔들리는 이유를 바람이나 달빛이 아닌, 갈대 스스로의 "제 조용한 울음"이라고 묘사한다. 이는 인간이 외부 요인 때문에 흔들리는 것처럼 보이지만, 사실은 내면의 울음 때문이라는 것이다. 결국 "산다는 것은 속으로 이렇게 조용히 울고 있는 것"이라는 구절은 삶의 고독과 내면의 아픔을 상징적으로 잘 드러내는 표현이라 하겠다.

낙타를 타고 가신 신경림 선생

좋아하고 존경했던 신경림 선생을 추모하는 마음으로 선생께서 만년에 묶어 낸 《신경림 시전집》을 읽어 보니, 선생께서는 암 투병 중에 이미 생사의 경계를 초월해 여유와 달관의 경지에 이르러 죽음을 담담히 맞이한 것이 아닌가 하는 생각이 들었다.

예컨대 2002년에 펴낸 《뿔》이라는 시집에 실린 〈집으로 가는 길〉에서는 모든 것을 땅거미 속에 묻으면서 가볍게 걸어가고 싶다고 술회한다.

가볍게 걸어가고 싶다, 석양 비낀 산길을
땅거미 속에 긴 그림자를 묻으면서
주머니에 두 손을 찌르고
콧노래 부르는 것도 좋을 게다
지나고 보면 한결같이 빛 바랜 수채화 같은 것
거리를 메우고 도시에 넘치던 함성도
물러서지 않으리라 굳게 잡았던 손들도
모두가 살갗에 묻은 가벼운 티끌 같은 것

수백 밤을 눈물로 새운 아픔도

가슴에 피로 새긴 증오도

가볍게 걸어가고 싶다

그것들 모두 땅거미 속에 묻으면서

내가 스쳐온 모든 것들을 묻으면서

마침내 나 스스로 그 속에 묻히면서

집으로 가는 석양 비낀 산길을

　　　　　　　　　　　　　- 신경림, 〈집으로 가는 길〉

　〈집으로 가는 길〉에서는 온갖 풍상을 겪으며 스쳐온 모든 것을 잊고 가볍게 걸어가고 싶다는 마음을 드러낸다. 시인은 석양 비낀 산길을 걸으며 모든 것을 땅거미 속에 묻고자 한다. 눈물로 새운 아픔과 넘치던 함성, 가슴에 새긴 증오도 모두 묻고 가볍게 가겠다는 달관의 경지를 보여 준다. 인생의 막바지에 지나온 여러 일을 회상하며, 그 모든 것을 묻고 가볍게 걸어가고 싶다고 한다.

　이렇게 죽음을 예감하고, 삶에 대한 집착이나 미련을 버리고 홀가분하게 떠나고 싶다는 신경림 선생의 마음을 잘 보여 주는 절창이 〈낙타〉일 것이다.

낙타를 타고 가리라, 저승길은

별과 달과 해와

모래밖에 본 일이 없는 낙타를 타고

세상사 물으면 짐짓, 아무것도 못 본 체

손 저어 대답하면서

슬픔도 아픔도 까맣게 잊었다는 듯

누군가 있어 다시 세상에 나가란다면

낙타가 되어 가겠다 대답하리라

별과 달과 해와

모래만 보고 살다가

돌아올 때는 세상에서 가장

어리석은 사람 하나 등에 업고 오겠노라고

무슨 재미로 세상을 살았는지도 모르는

가장 가엾은 사람 하나 골라

길동무 되어서

— 신경림, 〈낙타〉

〈낙타〉는 삶과 죽음의 경계를 가볍게 넘어가고 싶은 시
적 화자의 의지를 표현한 시다. 이 시에서도 신경림 선생

은 인간의 궁극적 존재 의미를 탐구한다. 시인은 저승길을 상징하는 낙타를 타고 가며, 삶의 고통과 슬픔을 모두 잊은 듯이 무덤덤하게 그 길을 간다. 별과 달, 해와 모래만을 본 낙타처럼 단조로운 삶을 살아가는 모습을 드러낸다. 그러면서도 "세상에서 가장 어리석은 사람, 무슨 재미로 세상을 살았는지도 모르는 가장 가엾은 사람 하나"를 골라 등에 업고 길동무 되어 오겠노라고 다짐한다.

신경림 선생은 이승을 떠나면서도 끝까지 세상에서 가장 가엾은 사람을 길동무로 하겠다고 한다. 이것이 선생의 위대한 점이고, 선생의 시가 우리 씨알들의 사랑을 받는 이유일 것이다. 선생은 낙타를 타고 별나라로 가셨지만, 선생의 시는 두고두고 우리를 위로해 줄 것이다.

'민주사회를 위한 지식인 종교인 네트워크' 결성과 활동

《씨알의 소리》
2024년 11~12월호(2025.11.24. 수정 보완)

난세에 처하는 선비의 자세

안중근 의사가 1909년 10월 26일 하얼빈역에서 대한 제국을 멸망시킨 이토 히로부미를 저격하고 뤼순 감옥에 갇혀 있을 때, 형무소장 구리하라와 히라이시 고등법원장은 안 의사의 의거가 궁극적으로 동양의 평화를 위한 것이라는 진술을 듣고, 그가 '동양평화론'과 자서전을 집필할 수 있도록 허락하였다. 특히 뤼순 감옥의 부장 아오키와 간수 다나카는 인품이 훌륭하여 "형제와 같은 정"(《안중근 자서전》, 153쪽)으로 안 의사를 돌보아 주었고, 법원과 감옥소의 관리들은 안 의사가 붓으로 쓴 글씨를 갖길 원해 비단과 종이를 가져다주면서 글씨를 써 달라고 부탁했다. 우리가 잘 아는 "견리사의, 견위수명(見利思義, 見危授命: 이득이 되는 것을 보면 그것이 올바른 것인가를 생각하고 나라가 위태로우면 목숨을 바쳐야 한다는 《논어》〈자장〉편에 나오는 "견위치명, 견득사의(見危致命, 見得思義)"를 조금 바꾼 명구)"이란 글씨를 비롯한 안 의사의 필적들은 이런 배경에서 우리에게 전해지게 되었다.

안중근 의사는 어릴 적 사냥을 좋아하는 호협한 기질을 지녔으나, 고려 시대 유학자 안향의 후손으로 당대에 문장으로 이름났던 부친으로부터 공자의 인의(仁義) 사상과 맹자의 대장부(大丈夫) 정신을 체득하며 성장했다. 이는 위의 "견리사의, 견위수명" 서예 작품과 하얼빈역 거사 전에 읊은 호쾌한 기상의 〈장부가(丈夫歌)〉가 잘 증명해 준다.

지식인·종교인의 역할

선비는 나라가 안정될 때는 독서궁행(讀書躬行)과 안빈

낙도(安貧樂道)의 생활을 하지만, 난세에는 자루 안의 송곳이 튀어나오듯 세상에 대해 바른말을 하고 비뚤어진 세상을 바로잡기 위해 목숨 걸고 행동한다. "어렵더라도 선비의 지조를 버려서는 안 되고, 출세하더라도 선비의 도를 떠나서는 안 된다[窮不失士, 達不離道]."라고 한 맹자의 선비론은 시대가 바뀌어도 여전히 생명력을 지닌다.

19세기 말 프랑스와 독일의 대립 속에서 프랑스 포병 장교 드레퓌스 대위가 스파이라는 누명을 쓰고 감옥에 갇혔을 때, 프랑스의 대문호 에밀 졸라는《로로르》신문 지상에 "나는 고발한다!"라는 글을 기고하며 용감하게 진실을 외쳤다. 또한 대한제국이 몰락해 가던 시기《황성신문》 주필 장지연은 "이날이야말로 대성통곡해야 할 때[是日也放聲大哭]"라는 논설을 써서 일본을 통박하였다. 이는 참된 지식인과 언론인의 행동에서 비롯된 것이라 할 수 있다. 이처럼 뜻있는 선비와 지식인이 난세에 시국을 걱정하고 의로운 행동을 하는 것은 당연한 일이다. 일반 대중의 의식 형성과 상황 판단에 직접적인 영향을 미치는 지식인 집단인 교수·신부·목사들의 말과 글, 일거수일투족은 사회적 주목의 대상이 된다.

근년 우리 젊은이들과 시민들의 의식을 일깨워 준 대표적인 분은 1970년대 박정희 군사 쿠데타 정권하 유신 암흑시대의 허위를 폭로하고, 냉전에서 평화공존으로 옮겨가는 전환 시대의 논리를 설파한 리영희(1929~2010) 선생이 아닐까 한다. 이러한 빛나는 실천 지성과 전태일·박종철·이한열 열사를 비롯한 민주 인사들이 살신성인한 희생으로 우리나라는 정권 교체를 거쳐 문민 시대를 맞이했다. 그러나 여전히 냉전 시대의 의식에 갇혀 기득권 카르텔을 수호하려는 수구 보수 집단의 경거망동은 멈출 줄을 모르고 있다. 지난 대통령 선거에서 사슴을 말이라고 호도하는 레거시 미디어의 절대적인 엄호하에 윤석열이라는 괴물이 대통령이 되어, 나라를 수렁에 빠트리고 있다.

민주공화국의 기본 원칙인 주권재민과 삼권분립을 무시하는 검찰 독재, 무속인이 배후에서 조종하는 윤건희 횡포 시대를 맞아, 조중동 같은 쓰레기 신문과 KBS 같은 정권 나팔수 방송을 단절하고, SNS 시대의 상호 소통 도구인 페이스북·카카오톡·유튜브 등을 통해 생각을 나누던 지식인·종교인 몇몇이 자연스럽게 의기투합하게 되었다. 온라인과 오프라인을 넘나들며 활동하다가 윤석열 정권의 횡포를 보고 더는 견딜 수가 없어, 누가 먼저랄 것도 없이 서로 마음이 통해 하나의 네트워크를 이루게 되었다.

'민사네'의 결성

수도 서울을 가로질러 흐르는 한강의 출발도 태백산 검룡소에서 솟아나는 작은 샘에서 비롯되듯이, 요즘 주말마다 민주 시민들과 함께 '윤석열 퇴진, 윤석열 탄핵'을 외치며 매주 시국 논평을 발표하고, 한 달에 한 번 시국 포럼을 진행하는 '민주사회를 위한 지식인 종교인 네트워크'(이하 '민사네'로 약칭)의 출발도 이 시대를 고민하던 몇몇 사람들의 개인적인 친분, 페이스북에서의 만남과 의기투합에서 비롯되었다.

2021년에서 2022년에 이르는 겨울, 제20대 대통령 선거운동 기간 보수 기득권층을 등에 업은 윤석열은 막강한 기존 레거시 미디어의 엄호 아래, 문재인 정권의 우유부단한 부동산 정책과 사회 개혁에 염증을 느낀 중도층과 청년층을 공략하며 여론의 우위를 점해 가고 있었다. 이런 상황을 관망하던 뜻있는 지식인과 종교인들 몇몇이 그냥 이대로 있다가는 소년공 출신으로 성남시장과 경기도지사를 거치며 능력을 보여 준 민주 진영의 이재명 후보가 위태로워질 수 있겠다는 위기감을 느꼈다. 이에 인터넷상에서 이재명 후보를 돕기 위한 '민주개혁 정부를 위한 온라인 시민연대'를 결성하고 민주 정권의 집권을 위해 글을 쓰며 활동을 시작하였다.

그러나 대선 결과, 윤석열이 0.73%포인트라는 간발의 차이로 대통령이 되었고, 이재명은 그날부터 검찰 독재 정권의 주요 표적이 되어 지금까지 수백 차례의 압수 수색과 영장 발부, 괴롭히기식 검찰 조사와 무분별한 기소 남발을 당하며 모욕을 받고 있다. 우리는 윤석열의 사고 방식과 그간의 행적을 보며 과연 대통령직을 제대로 수행할 수 있을까 우려했는데, 실제 집권 이후의 상황은 더 심각했다. 이에 대선 이전부터 '민주개혁 정부를 위한 온라인 시민연대'에서 연대하며 활동했던 필자와 박충구 감신대 명예교수, 정종훈 연세대 교수, 김근수 해방신학연구소 소장은 소위 '네 게바라'로 다시 뭉쳐 적극적으로 활동하기 시작했다.

네 게바라 동지들은 2022년 5월 30일 대선에서 석패한 뒤 인천 계양구 을 보궐선거에 출마한 이재명 후보의 사무실을 격려차 방문하였고, 그해 9월 17일 촛불행동부터 함께 집회에 참여하기 시작했다. 이후 SNS 활동을 꾸준히 이어 오시던 최자웅 성공회 신부와 촛불집회 때 이태원 참사 유가족대책위원장직을 맡고 있던 유정현 한국기독교장로회 목사가 합류하였고, 페이스북에 올린 글을 보고 동질감을 느낀 조성민 한국교원대 명예교수와 이명재 출판 언론인도 함께하게 되었다.

2023년 104주년을 맞은 3·1절에는 '검찰독재와 민생 파탄·전쟁위기를 막기 위한 비상시국회의' 주최로 열린 대한국민 주권선언식에 참여한 원로 사학자 이만열 숙명여대 명예교수(전 국사편찬위원장)를 만나 뵙고 우리 모임의 취지를 말씀드렸더니 흔쾌히 고문직을 수락해 주셨다. 이후 이만열 선생께서는 늘 우리와 함께 촛불집회에 참여하시며 민사네의 든든한 정신적 지주가 되어 주셨다.

민사네의 구성

2023년에 들어 민사네의 활동이 점차 알려지면서 정갑환 위원장과 김경일 신부께서도 참여해 주셨고, 유정현 목사께서는 같은 기장 소속의 김상기 목사와 홍주민 목사도 합류할 수 있도록 주선해 주셨다.

원로 고문으로서 민사네의 정신적 버팀목이 되어 주신 이만열 선생께서는 2024년 현재 86세의 고령에도 불구하고, 유난히 더웠던 여름철에도 매주 토요일 단 한 차례도 빠짐없이 촛불집회에 참여하셔서 우리에게 힘과 용기를 주시고 훌륭한 분들을 추천해 주셨다. 이렇게 해서 원로 역사학자 이근수 경기대 명예교수와 사회학자 강정구 동국대 명예교수도 민사네에 합류하게 되었다.

이런 과정을 거쳐 2023년 2월 18일 윤석열 타도를 위한 촛불집회가 있던 날, 드디어 '민주사회를 위한 지식인 종교인 네트워크'(민사네)가 결성되었다. 원로 사학자 이만열 선생을 원로 고문으로, 조성민 한국교원대 명예교수를 상임고문으로, 이명재 출판 언론인과 최자웅 신부 두 분을 고문으로 모시고, 박충구 감신대 명예교수와 소생 김영이 공동대표를 맡기로 했다. 운영위원장은 유정현 목사, 포럼위원장은 정종훈 연세대 교수, 시국 논평 편집위원장은 김근수 해방신학연구소장, 대외협력위원장은 정갑환 민족문제연구소 중남미지부 상임대표, 교육위원장은 백승종 튀빙겐대 교수가 각각 맡아 수고해 주시기로 했다.

민사네가 결성된 후부터 2024년 상반기에는 온라인과 오프라인에서 의기투합했던 임재해 안동대 명예교수, 김규돈 신부, 최승언 서울대 명예교수, 이태행 공주대 명예교수도 참여해 주셨다. 또 기존 회원들의 추천과 사회 활동을 함께한 인연으로 김규복 목사, 최석진 신부, 홍덕진 목사, 이윤홍 서예가, 이철 헌정회 부회장, 이흥용 건국대 명예교수, 손원영 서울기독대 교수, 김응교 숙명여대 교수도 동참해 주셨다.

2024년 하반기에는 이승렬 영남대 교수협의회 전 회장, 조호균 변리사/변호사, 이병련 고려대 명예교수, 서창원 목사, 이명재 김천일보 대표께서 함께해 주셨고, 최근에는 조정환 문학평론가/출판인도 참여하셨다. 11월 9일에는 평소 늘 연대해 오신 조헌정 향린교회 목사님과 윤

재선 목사님도 함께해 주셨고, 2025년에는 곽노현 전 서울시 교육감, 주진오 전 대한민국역사박물관장님까지 참여해 주셨다.

민사네의 주요 활동

민사네는 이름 그대로 반민주·반민족·반평화적 윤석열 검찰 독재 정권을 퇴진시키기 위해 매주 주말 민주 시민들과 연대하여 피켓을 들고 촛불집회에 참여해 왔다. 홍범도 장군을 비롯한 민족 영웅들을 폄훼하고, 공공연히 친일·반민족적 언동을 일삼는 윤석열 파시즘 정권의 실체를 폭로하는 논평을 시작으로 매주 시국 논평을 발표하고 있다.

2023년 9월 5일 박충구 대표가 〈시대착오적인 윤석열 정권, 국민을 우롱하고 있다〉라는 첫 시국 논평을 썼고, 9월 11일에는 소생이 〈홍범도 장군에 대한 역사 쿠데타를 멈추라〉라는 글로 두 번째 논평을 발표한 이래, 매주 그 당시의 중요 문제에 대한 민사네의 입장을 밝히는 논평을 발표하여 페이스북을 비롯한 회원들이 사용하는 SNS에 공유했다. 이 글들 가운데 시의성이 높은 글은《씨알의 소리》와《산넘고 물건너》, 시민언론 '민들레'에 전재되기도 했으며, 지금도 우리 회원들의 글과 민사네 포럼 요지를 편집 기획에 따라 게재해 주고 있다.

현 시국을 좀 더 심도 있게 분석하고 대책을 마련하기 위해 기획된 민사네 포럼은 전국 촛불집회가 있는 날 포럼위원장이 재직 중인 연세대 루스채플 건물 세미나실이나 태평로 전주회관에서 꾸준히 개최되어 왔다.

민사네의 첫 포럼은 2023년 9월 16일 전주회관에서 열렸는데, 조성민 교수께서 〈인권이 존중받는 정의로운 사회를 위하여〉란 주제로 말씀해 주셨다. 10월 포럼은 연세대 루스채플 회의실에서 열렸고, 외교부 차관을 역임한 최종건 연세대 정외과 교수님이 〈평화의 힘〉이라는 제목으로 발제해 주셨다. 11월에는 강정구 교수가 6·15 공동선언실천 남측위원회 회의실에서 〈중미전략경쟁과 새로운 세상의 도래〉를 주제로, 12월에는 이만열 원로 고문께서 〈식민주의 사관〉이라는 주제로 발제해 주셨다.

2024년 1월에는 최승언 교수님의 〈율곡 이이의 천도책

민사네 여의도 집회

민사네 깃발을 들고

민사네 거리 시위

이 이 시대에 주는 경종〉, 2월에는 박충구 대표의 〈지식인과 민주주의, 민주사회〉, 3월에는 김민웅 촛불행동 상임 대표의 〈윤 정권 퇴진 정국과 촛불혁명〉, 4월에는 백승종 교수님의 〈평민 지식인과 동학〉, 5월에는 이철 헌정회 부회장님의 〈현 시국에 대한 진단과 전망〉, 6월에는 강정구 교수님의 〈한반도 비핵화 중단 과정과 미국〉이라는 발제가 있었다.

7월과 8월에는 포럼을 잠시 쉬었고, 9월에는 조호균 변리사/변호사의 〈구미의 시민주권 실현 사례〉 발표, 10월에는 최자웅 신부님의 〈민주주의의 퇴행과 한민족 통일의 위기 상황〉 발표가 있었다. 11월에는 이승렬 교수님의 〈경제발전은 왜 민주주의의 적인가〉라는 발제가 있었고, 12월에는 조성민 교수께서 발제해 주실 예정이다. 이러한 민사네 월례 포럼은 그 주제와 발표 내용 모두 주목받을 만한 것이었고, 포럼을 기획하고 원활하게 진행한 정종훈 포럼위원장의 깔끔한 발제문과 토론 내용 정리도 일품이어서 참석하지 못한 회원들까지도 만족했다.

우리 민사네는 앞서 소개한 바와 같이 민주사회에 대한 열망을 가진 40여 명의 교수, 신부, 목사, 출판 편집인,

민사네 포럼

사회운동가로 구성된 네트워크이다. 우리는 이 시대의 시급한 과제인 윤석열 정권 퇴진을 이끌어 내기 위한 촛불 집회에 지속적으로 참여하고, 정확한 글과 바른말을 통한 언론 활동, 현실 분석과 미래 기획을 위한 토론과 포럼을 지속적으로 전개해 나갈 예정이다. 아울러 뜻을 같이하는 다른 단체 및 시민들과도 적극 연대해 나갈 생각이다.

'민주사회를 위한 지식인 종교인 네트워크' 시국선언문

페이스북
2024.11.18.

윤석열 정권 2년 반 동안 우리 국민은 하루도 마음 편할 날이 없었다. 이태원 참사와 채수근 해병 순직을 비롯한 반생명적인 사건 사고들, 노동자를 조폭처럼 대하는 반노동 정책, 국익을 무시하고 시대착오적인 냉전적 가치를 편향적으로 추구하는 국방·외교 정책, 그로 인해 야기되는 안보 불안과 전쟁 위기, 정치화된 검찰의 자의적 기소와 사법부의 독립성 상실로 인한 불공정한 판결이 난무하는 나라에서 우리 국민은 하루하루 조마조마한 심정으로 마음을 졸여 왔다.

지난 대선에서 간발의 차이로 집권한 윤석열의 임기 절

반이 지나갔다. 그동안 그의 무도한 행태와 끝없는 실정으로 20%대의 낮은 지지율을 보이다가 급기야 임기 초반 그를 지지했던 콘크리트 보수 지지층마저 등을 돌려 지지율이 10%대로 곤두박질치고 있다. 이는 정권의 존립 근거가 되는 국민의 신뢰가 사라져 윤석열 정권이 나라를 이끌어 갈 동력을 전적으로 상실했다는 것을 의미한다. 그간 내치와 외교, 안보의 총체적 위기를 임시방편으로 막고, 온갖 거짓말을 둘러대며 버티기로 일관해 온 윤석열 정권의 실체를 우리 국민이 속속들이 간파한 당연한 결과이다. 이제 국민들은 그가 국민을 섬기는 공복은커녕, 그의 어깨 위에 올라앉아 국정을 농단하는 아내 김건희의 심복에 지나지 않음을 알게 되었다.

대통령의 처 김건희는 누구인가? 그는 대통령의 아내가 되기 전에는 경력과 학력 위조, 도이치모터스 주가 조작에 가담했고, 대통령의 아내가 된 후에는 명품 백 뇌물 수수에 이어, 국민이 선출한 공직자가 아닌데도 불법적으로 고위 공직 인사와 선거 공천에 개입했다는 의혹까지 받고 있다. 윤석열 대통령 자신은 2022년 보궐선거와 지방선거에서 공천에 불법적으로 개입했다는 사실이 전 집권 여당 대표의 폭로와 다양한 증언을 통해 만천하에 드러나고 있다.

이미 우리 국민은 지난 총선에서 윤석열 정권에 패배를 안겨 주어 반성과 성찰의 기회를 주었다. 그럼에도 불구하고 윤석열 정권은 일고의 반성도 없이 민의의 흐름에 오만하게 역행하고 있다. 국회가 의결한 양곡관리법, 간호법, 노란봉투법, 전세사기법, 민주유공자법, 이태원 참사 특별법, 측근 비리 특검법 등에 대하여 무차별 거부권을 행사한 그는 방송법 개정안까지 거부하여 진실을 보도하려는 민주 언론을 탄압하고 방송을 정권의 나팔수로 삼으려는 야심을 공공연히 드러내고 있다.

최근에는 평화를 원하는 우리 국민의 뜻을 저버리고 남북 갈등을 끝도 없이 고조시키더니, 먼 나라 우크라이나 전쟁터까지 기웃거리며 대한민국을 전쟁 위기의 격랑 속으로 빠뜨리려 하고 있다. 이 와중에 윤석열의 정치검찰은 국민의 지지와 신망을 받아 온 야당 대표들을 표적으로 무리한 수사와 기소를 남발하였고, 지난 2024년 11월 15일, 선거법 1심 재판부는 민주당 이재명 대표에게 징역 1년에 집행유예 2년이라는 '정치적 살해'에 해당하는 선고를 내림으로써 사법부가 독립성을 잃고 정권과 정치검찰의 하수로 전락한 것이 아닌가 하는 의문을 자아내고 있다.

그러나 "민무신, 불립(民無信, 不立)"이란 말처럼, 국민이 납득하지 않는데 이런 재판이 무슨 의미가 있겠는가? 이재명 대표에 대한 법원의 판결이 나온 다음 날, 토요일의 태평로 거리와 광화문광장에서는 차가운 가을비가 내리는데도 "윤석열 퇴진, 윤석열 탄핵!"을 외치는 촛불시민들의 외침이 그 어느 때보다 더 기세가 높았다.

이에 우리 '민주사회를 위한 지식인 종교인 네트워크' 회원들은 우리의 조국 대한민국이 돌이킬 수 없는 퇴행의 늪으로 빠져들기 전에 윤건희 정권을 끌어내리는 수밖에 다른 길은 없다는 데에 뜻을 모았다. 평화와 정의를 사랑하는 대한민국 국민의 뜻 또한 그러하고, 이 나라 지성을 대표하는 대학의 교수들이 실명을 내걸며 윤석열 퇴진을 요구하는 상황에서 우리나라의 민주화와 평화·인권·생명 존중, 공생공락(共生共樂)을 추구해 온 우리 '민주사회를 위한 지식인 종교인 네트워크' 회원 일동은 엄중히 다음과 같이 요구한다.

민사네 시국선언문 발표

1. 대한민국 '국민의 생명과 나라의 평화'를 지켜야 할
대통령의 헌법적 책무를 저버린, 반민주적·반민중

적·반민족적·친일종미 정권의 총책임자 윤석열은
즉시 퇴진하라.

1. 집권 여당으로서 무능하고 반민주적·반민족적인 인
물을 대통령으로 앞세워 온 국민을 불안과 근심으로
몰아넣은 국민의힘 당은 국민 앞에 엎드려 사죄하고,
윤석열 탄핵에 앞장서라.

1. 민주당을 비롯한 제 정당은 국민의 뜻을 받들어, 민
의의 전당인 국회에서 윤석열 대통령을 조속히 퇴진
시키기 위하여 탄핵 발의를 비롯한 모든 수단을 즉
시 강구하라.

1. 모든 민주 시민, 사회단체, 노동단체들은 일치단결하
여 윤석열 검찰 독재 정권을 종식시키기 위하여 힘
을 모으라.

1. 윤석열 정권의 횡포에 침묵하고 동조해 온 기성 언
론은 대오각성하고, 모든 언론기관은 민의에 귀를 기

울이며 진실을 보도하라.

2024년 11월 18일

민주사회를 위한 지식인 종교인 네트워크 일동

시민들의 저항과
국회의 신속한 계엄 해제 요구로
실패한 불법 비상계엄

페이스북
2024.12.4.

최근 대학교수들의 윤석열 퇴진 요구에 이어 천주교 사제들까지 사퇴를 요구하는 목소리를 내자, 집권당 내부에서도 위기감을 느낄 정도가 되었다. 그러자 윤가는 과거 군사 독재자들이 써먹던 비상계엄을 선포하면서 야당과 민주 진영을 종북 반국가 세력이라고 낙인찍고, 이를 척결한다는 명분으로 특전사를 동원하는 망동을 저질렀다. 우리 국민들의 정당한 요구를 외면한 채 적반하장격으로 비상계엄을 선포하여 정치·언론 활동과 집회를 전면 금지하고, 이를 위반하면 영장 없이 체포 구금한다는 포고령 1호를 발령한 것이다.

1980년 광주민중항쟁, 1987년 민주화운동, 근년의 박근혜 탄핵 촛불운동을 경험한 민주 시민들은 가만히 있지 않고, 한밤중임에도 불구하고 즉시 국회 앞으로 집결해 "계엄 해제", "윤석열 탄핵, 퇴진"을 외쳤다.

지난 11월 18일 윤석열 정권의 탄핵을 요구하는 시국선언문을 발표하고, 23일 촛불행동 주말 집회 때 단상에 올라 반민주적·반민족적이고 무능·무도·몰상식한 윤 정권의 즉각 퇴진을 촉구했던 소생도 분노를 감출 수 없었다. 이에 우리 내외는 급히 국회로 달려갔다. 나는 국회 진입을 시도하던 '대한민국 육군'이라고 적힌 중형 버스를 가로막고 그 앞에 앉아 연좌시위를 벌였고, 안사람은 국회의 철제 정문 앞에서 현장을 취재하던 뉴탐사의 강진구·박대용 기자를 응원했다.

졸속으로 불법적이고 반헌법적인 비상계엄을 강행하느라 우왕좌왕하던 윤 정권의 추악한 반민주적 폭거는 시민들의 지칠 줄 모르는 저항과 국회의 신속한 계엄 해제 결의로 무산되었다.

이제 윤석열에 대한 준엄한 탄핵을 내리고 즉각 퇴진시키는 일만 남았다.

12·3 내란의 밤, 국회 앞에 모여든 민주 시민들과 필자

수도방위사령부 소속 계엄군들이 탄 버스가 국회로 진입하려 하자, 이를 막아서고
연좌시위한 시민들과 함께

윤석열을 조속히 퇴진시켜
민주주의를 지켜내야 한다
– 민사네 시국성명서

12월 3일 느닷없는 위헌적 계엄령 선포는 대통령 윤석열이 권력에 취하여 국가를 운영할 능력이 없다는 것을 만천하에 드러낸 증거다. 그는 민주적 삼권분립 정신에 기초하여 권력 견제와 균형을 위해 헌법기관으로 세워진 국회의 권능을 근본에서 부정했다. 국민의 대의기관인 국회를 "국가기관을 교란하고 내란을 획책하는 반국가 행위"를 저지르고 있다고 비난하며 "범죄자 집단 소굴"이라고 규정했으며, 심지어 "자유 민주주의 체제를 붕괴시키는 괴물"이라고 선언했기 때문이다. 우리는 우리의 눈과 귀를 의심했다. 올바른 판단 능력을 가진 품위 있는 공직

자가 내릴 수 있는 판단이라고는 도저히 믿을 수 없었기 때문이다. 우리는 윤석열 대통령은 국가를 경영할 온전한 정신 상태에 있다고 볼 수 없다.

윤석열 대통령의 계엄 선포는 우리 국민과 국회에 의해 신속히 저지되어 6시간 만에 종료되었고, 헌법적 요건을 갖추지 못한 위헌적인 것으로 판명이 났다. 계엄 과정이 밝혀진 바에 따르면 우리는 이 사태가 국민의 뜻에 반한 권력 집단의 무력에 의한 내란 획책이었다는 판단을 버릴 수 없다. 동시에 우리는 대한민국의 모든 권력기관이 판단 능력을 상실한 대통령 휘하에 여전히 놓여 있으므로 매우 엄중한 민주주의 위기 상황이라고 판단한다. 일부 군부와 경찰 권력을 동원한 내란범들이 제어되지 않은 채 권력을 가진 그 자리에 그대로 머물러 있기 때문이다. 이 위중한 상황에서 즉시 내란범들을 체포·수사하여 국가를 정상화시킬 수 있는 검찰이나 경찰의 정치적 중립성도 믿기 어렵다. 지금은 대한민국 민주주의를 전복시키려던 내란 세력 중 그 어느 누구도 제어되지 않은 위기 상황이다.

국방부 장관은 위헌적 계엄을 제안했고, 대통령은 위헌적 계엄을 선포했으며, 군부 일부와 경찰청장·서울경찰청장·국회 경비대장은 그들의 하수가 되어 국회의 권능을 무력화시키려는 내란 행위를 도모했다는 사실이 만천하에 드러났는데도 법무부와 국가수사본부, 공수처는 무기력하게 아무런 조치를 취하지 않고 있다. 이러한 상황은 법무부, 국가수사본부, 공수처, 경찰, 군검찰, 검찰 등 모든 권력기관이 국민을 위해 법과 원칙을 집행해야 할 책무를 방기한 채 윤석열 정권 수하에 그대로 복속되어 있다는 현실을 확증해 주고 있다. 내란죄는 있으나 내란범을 제어할 능력이 없는 대한민국의 부끄러운 현실을 그대로 드러내고 있는 것이다. 이 틈을 타서 부패한 내란 세력을 옹호하는 기회주의적인 정치평론가들이 때를 만난 듯 종편과 유튜브를 통해 국민을 혼란에 빠뜨리고 있다.

누가 대한민국을 이 위기에서 건져 낼 수 있는가? 윤석열의 검찰인가? 국회의 권능을 가로막았던 경찰인가? 국민의 가슴에 총부리를 다시 들이댄 군대인가? 아니면 위헌적 계엄을 방임하고 동조한 윤석열 정권 각료들인가? 과연 우리 국민은 국민을 향해 총부리를 들이댄 이들을 믿을 수 있는가? 도대체 누가 이 나라를 구해 낼 것인가? 우리는 묻지 않을 수 없다.

이제 유일한 길은 주권자인 우리 국민이 다시 주인 노릇을 하기 위해 떨쳐 일어나야 한다. 우리 국민은 나라가 위기에 처할 때마다 주권자로서의 책무를 감당해 온 빛나는 전통을 가지고 있다. 이승만 독재에서 나라를 구한 것도 젊은 국민이었고, 군부 쿠데타 세력으로부터 나라를 건져 낸 것도 우리 국민이었으며, 부패한 박근혜 정권을 무너뜨린 것도 촛불을 든 우리 국민이었고, 12월 3일 국회를 지키기 위해 국회로 제일 먼저 달려간 이들도 우리 민주 시민이었다.

이제 우리는 국민을 배반한 내란범들의 수중에서 모든 권력을 조속히 회수하여 이 나라 민주주의와 법치주의를 올곧게 회생시키기 위해 모든 민주 세력과 애국 시민들이 하나로 단결해야 한다. 당파적이고 자기 집단의 명분을 지키겠다는 소아적인 태도를 버리고, 대한민국을 사랑하는 남녀노소 모든 국민이 혼돈에 빠진 대한민국을 구하기 위해 함께 나서야 한다.

대한민국은 민주공화국이고 모든 권력은 국민에게서 나온다. 헌법적 요건도 갖추지 못한 위헌적 비상계엄을 선포하고 군을 동원한 윤석열의 친위 쿠데타, 사실상 주권자 국민에게 다시 총부리를 들이댄 반란 행위였다. 우리 국민이 나서서 반란 세력, 윤석열과 그 수하들의 수중에 있는 권력을 즉각 회수하고 법의 심판대 위에 세움으로써 피로 지켜 온 대한민국 민주주의를 수호해야 한다.

2024년 12월 6일
민주사회를 위한 지식인 종교인 네트워크 일동

4부

2025년

이재명 대통령 시대의 개막과
내란 세력의 준동

눈비를 맞으며 투쟁하는
'젊고 아름다운 그대들'을
어찌 사랑하지 않을 수 있으랴

페이스북
2025.1.6.

이 늙은이의 심장을 다시 뛰게 한 그대들에게

고마운 마음을 전한다.

민중의 권리와 조국의 독립을 위해

위기에 처한 민주주의를 위해

열악한 노동자들의 인권을 위해

피와 땀을 흘리며 싸워 온

전봉준, 안중근, 홍범도, 유관순처럼

김주열, 전태일, 문재학, 박종철, 이한열, 백남기의 후배답게

희생과 헌신을 마다하지 않는

젊은 그대들을 보고 어찌 가만히 있으랴.

죽은 분들이 우리를 다시 살리고
지난 역사가 이 시대를 이끌고 있다.
보라.
이 장엄한 태평로에서 여의도,
남태령에서 한남동에 이르는 민중의 물결을.
'지랄발광'과 괴기스러운 요부가 쌍으로 들어선 이래
흰머리를 날리며 아스팔트 위에서 촛불을 들고
꾸준히 '윤석열 퇴진, 김건희 구속'을 외쳐 온
선배들의 끈질긴 투쟁이 있었다.
2024년 12월 3일,
어처구니없는 비상계엄이 선포되자
민주 시민들이 계엄군을 저지하고
국회가 신속히 계엄을 해제했다.
탄핵 가결과 구속 영장 발부에 이르는 과정에서
역사의 바통은 자연스레 이어졌다.
빛나는 응원봉으로 독재의 어둠을 제압한
발랄하고 아름다운 '젊은 그대들'이
우리 시대의 주인공이 되었다.
여의도 국회 앞 도로 가득 형광빛으로 수놓고,

남태령 고개에서 전봉준투쟁단의 농민과 하나 되고,

한남동 대로에서는

비겁하고 찌질하게 경호 요원 뒤로 숨은

추한 독재자의 체포를 촉구하며

눈비를 맞으며 끈질기게 싸우는 그대들이 있었다.

앉아 있는 모습은 피에타 같고

은박을 두른 빛깔은 키세스 같았다.

모두 발랄하고 끈질겼으며 아름다웠다.

'멋진 그대들'을 성원하는 마음으로

나눔과 봉사를 한 따뜻한 손길도 이어졌다네.

추운 밤을 이길 수 있도록 준비한

손난로, 방한 깔개, 목도리, 따뜻한 커피와 어묵 국물,

전봉준투쟁단이 성원의 보답으로 보낸 만 개의 무지개떡,

민주 시민들이 선결제해 보내 준 제주 감귤 수백 박스,

어느 시민이 보내온 커피 쿠폰 300장,

겨울밤을 지새우느라 얼어붙은 몸을 녹일 수 있도록

수도원 공간을 내어 준 꼰벨뚜알 수사님의 배려까지,

정말 성스럽고 아름답지 않은가.

이것은 민주혁명이자

돌봄과 나눔의 사랑의 혁명이 아닌가.

이제 각자도생, 강자 독식의 시대는 가고

억강부약의 대동 세상,

제폭구민의 민중 세상이 오고,

친일 친미 매국노는 물러가고

자주 평화 민주의 새날이 오지 않겠는가.

이 아름다운 강산에

멋지게 살아가는 '젊은 그대들'의 앞날에

축복이 있으라.

2025년 1월 6일 새벽

어떤 73세의 늙은 청년이 씀

우리는 민주주의의 발전을
더 이상 멈출 수 없다

– 민사네 시국성명서

사필귀정이다. 마침내 내란의 수괴 윤석열이 구속되었다. 지난 2년여간 윤석열 정권의 무도한 행태는 전근대적인 권위주의적 통치 행태와 권력의 남용, 직전 정권에 대한 책임 전가와 거짓 변명, 일상화된 무책임과 무능력, 주종적 한미 관계와 굴욕적 한일 관계를 통한 국민 자존감과 국격의 비하, 대한민국 헌법의 파괴와 독립 영웅들의 폄하, 대통령 가족의 범죄를 덮는 불공정과 국가 공권력의 왜곡, 야당과의 협치 거부와 삼권분립의 훼손, 국민의 눈과 귀를 통제하기 위한 언론사 장악과 길들이기, 법치주의의 파괴와 위헌적 비상계엄 등 너무 많아서 열거하기

조차 어렵다.

시대착오적인 윤석열 정권은 우리 사회의 공정과 상식을 붕괴시켰고 정의와 생명, 자유와 평화를 훼손하며 해방 이후 피로 지켜 온 우리의 민주주의를 파괴했다. 국민 안전에 대한 국가적 책임의 방기로 인해 무고한 국민이 이태원 참사와 오송 참사를 겪어야 했고, 해병대 채 상병의 억울한 죽음을 공정하게 수사한 박정훈 대령에게 오히려 항명죄를 뒤집어씌우는 권력의 오용을 목도해야 했다. 우리 '민주사회를 위한 지식인 종교인 네트워크' 회원들은 대한민국 민주주의의 위기를 방관하거나 침묵할 수 없어 매주 토요일 오후 시청 앞 촛불집회에 참석해서 민주시민들과 연대하며 윤석열 정권의 종식을 요구해 왔다.

2024년 12월 3일, 윤석열 대통령을 수괴로 하는 내란 세력은 국민이 구성한 국회를 무력화하고 그들만의 세상을 만들기 위해서 위헌적인 비상계엄을 선포하는 반민주적인 대역죄를 저질렀다. 그들은 국가와 국민의 안전을 책임지는 군과 경찰을 동원해서 국민의 가슴에 총을 겨누었고, 무장한 군인들을 국회에 투입하여 불능에 빠트리고자 획책했다. 그들은 국회의 권한을 무력화하는 수준을 넘어 국회의장을 비롯한 여야 당 대표들, 주요 민주 인사들을 대상으로 불법적인 체포와 구금, 심지어 암살을 기획했다. 그러나 생명을 건 민주 시민들의 저항과 국회의원들의 발 빠른 대처, 투입된 군인들의 절제된 행위로 비상계엄은 즉시 해제되었다.

평온한 저녁을 비상사태로 몰아갔던 내란 세력은 친위 쿠데타를 통해 입법부와 사법부를 장악하고, 영구적인 독재 권력을 구축하고자 했다. 국제 사회는 12·3 비상계엄을 민주 사회의 헌법을 수호해야 할 대통령이 자신의 책무를 버리고 독재자의 길을 선택하려 한 반헌법적 범죄행위로 규정하고, 해방 이후 우리 국민이 피땀을 흘리며 지켜 온 민주주의와 헌정 질서를 짓밟는 행위라고 비난하며, 우리 국민의 생명을 건 저항과 헌정 질서 회복 능력을 치하하고 응원했다. 만일 내란 세력의 친위 쿠데타가 성공했다면, 우리의 민주적인 모든 절차가 정지되어 군사 독재의 암흑 상태에 처했을 것이고, 적지 않은 인사들이 생명의 위협을 받았을 것이다.

우리 국민은 내란의 우두머리 윤석열 대통령의 탄핵 수용과 파면, 법적인 징벌을 요구하고 있고, 내란의 공범자들을 엄정히 수사하여 발본색원함으로써 다시는 이러한 일이 반복되지 않기를 원하고 있다. 하지만 내란을 선동한 세력과 이에 동조하고 있는 국민의힘은 국회와 언론, 거리 시위를 통해서 윤석열 대통령의 범죄 행위를 오히려 변명하거나 정당화하고 있으며, 온갖 거짓과 선전 선동으로 우리 사회를 혼란으로 몰고 있다. 내란 수괴 윤석열 대통령은 자신의 범죄 사실과 오류를 인정하지 않았고, 국민이 승복해야 할 법의 절차를 거부했으며, 법원의 위상과 권위를 부정했다. 그가 체포되고 구속되는 것은 당연한 수순이었다.

지금은 심판의 시간이다. 대통령의 명예롭고 엄중한 의무를 저버리고 국가의 헌법적 질서를 파괴한 윤석열 대통령은 엄정한 수사를 거쳐 법의 준엄한 심판을 받아야 한다. 윤석열 대통령과 내란 세력을 두둔하고 옹호한 국민의힘, 반국가적이며 반민주적인 유언비어를 유포해 사회를 어지럽힌 사이비 유튜버들 그리고 내란 세력과 협력하며 그들을 지지한 사이비 종교 집단 역시 국민의 비판과 함께 법의 심판을 철저히 받아야 한다. 언론의 자유와 종교의 자유를 명분으로 사회를 혼란하게 만들고, 국헌을 문란케 한 이들의 범죄가 다시는 이 땅에 뿌리내리지 못하게 해야 한다.

우리 '민주사회를 위한 지식인 종교인 네트워크' 회원들은 지난 2년 동안 한여름의 뜨거운 아스팔트 위에서, 엄동설한의 차가운 거리에서 불의하고 거짓된 세력에 대항하며 대한민국의 민주주의를 수호하기 위해 노력한 민주시민들에게 깊은 존경과 감사의 마음을 담아 치하하며 연대의 인사를 전한다. 이제 우리 '민주사회를 위한 지식인 종교인 네트워크' 회원들은 우리 사회의 인권과 민주주의를 지키는 파수꾼으로서, 우리 사회의 인권과 민주주의의 성숙한 발전에 공헌하는 실천적 증언자로서 모든 역할과 열정을 다할 것을 다짐한다. 이에 우리는 다음과 같은 우리의 요구가 당장 이행되기를 강력히 촉구한다.

하나, 헌법재판소는 자유와 정의, 평등과 평화가 편만한 민주 사회 건설과 나라의 안정을 위해서 내란 수괴 윤석열에 대한 탄핵을 신속히 인용하고 파면하라.

하나, 내란의 우두머리 윤석열 대통령을 옹호하고 지

지하며 민주 정당이 되기를 포기한 국민의힘을 해산하고, 그 당에 속한 국회의원들을 대상으로 법적인 책임을 물어라.

하나, 윤석열 독재 정권에 동조해 온 정치 세력과 헌정 질서의 근간인 사법부를 공격한 폭력배들에 대해서 법적 책임을 엄격히 묻고 처단하라.

하나, 모든 민주 세력은 차이를 넘어 대동단결해서 민주 정부를 새롭게 세울 뿐 아니라, 오늘의 시대정신을 담아낼 사회 대개혁에 앞장서라.

2025년 1월 20일
민주사회를 위한 지식인 종교인 네트워크 일동

윤석열 정권에 대한
한 지식인의 저항

− 윤석열 당선에서 헌재 파면까지

《민들레》
2025.4.5.

지식인의 시대적 책무

1910년 일제의 강제 병탄 때 〈절명시(絕命詩)〉를 쓰고 순국한 황현 선생은 나라가 망해 가던 당시에 지식인 노릇하기가 어렵다고 자탄하였다. 평소 독서하며 진리를 찾고, 강단에서 후학을 가르치는 사도(師道)의 길을 걸어온 것도 보람된 일이지만, 나라가 위기에 처했을 때는 강단을 지켜야 하는가, 민주 광장으로 나가야 하는가를 고민하게 된다. 근래만 하더라도 1987년 박종철·이한열 열사의 희생으로 촉발된 6·10 민주화운동과 박근혜 국정농단

243

사태를 종식시키기 위한 촛불항쟁 때도 지식인과 종교인들이 학생, 시민들과 함께 거리로 나서지 않았던가.

　대통령 자리에 있으면서 탄핵을 당한 뒤 구속 영장을 받고 기소되어 구치소에 수감된 윤석열이 검찰 독재로 폭정을 저지르고, 나라의 평화와 국민의 생명은 돌보지 않고 몰상식한 정치 행태를 보이자, 민심은 급속히 이반하였고 집권한 지 반년도 안 되어 '윤석열 퇴진, 김건희 구속'이라는 구호가 나오기 시작했다.

　2018년 대학 강단에서 은퇴한 필자는 그동안 읽지 못했던 동서양 고전을 읽고, 손녀들을 돌보며 조용히 지내고 있었다. 그러나 윤 정권의 무도한 정치 행태와 민주주의의 후퇴를 더 이상 보고만 있을 수 없어, 다시 책을 덮고 '자락서실(自樂書室)'을 나와 시민과 함께 거리에 나섰다.

　이 글은 윤석열이 당선된 2022년 3월 9일부터 헌법재판소가 전원 일치로 파면을 선고한 2025년 4월 4일까지, 한 지식인의 윤 정권에 대한 대응과 조그만 개인적 저항을 기록한 것이다.

시민언론과 시민교육 활동

깨어 있는 시민의 조직된 힘이 민주주의를 지켜 낼 수 있다는 말은 옳다. 작년 말 12·3 비상계엄을 저지하고 탄핵을 이끌어 낸 결정적 요인은 촛불시민들의 끈질긴 투쟁과 응원봉 세대를 비롯한 범민주 세력의 적극적이고 용기 있는 행동 덕분이었다.

2022년 3월 9일 제20대 대통령 선거에서 윤석열이 간발의 차로 이기는 선거 개표 방송을 보며 나는 절망했다. 나라를 이끌 만한 능력이나 준비도 없이 보수 세력과 편파 언론의 일방적인 지원으로 당선된 윤석열은 민의와 국민 통합에는 아랑곳하지 않고, 오직 검찰 충견을 동원해 국가 권력을 자의적으로 행사할 조짐을 보였다. 이러한 현실을 도저히 수긍할 수 없었다.

그래서 개표가 끝나 윤석열의 당선이 확정된 3월 10일 오전, 사전 예약도 하지 않고 무작정 김포공항으로 가서 가장 빨리 출발하는 제주행 비행기표를 사서 서울 집을 떠났다. 아무 일도 없었다는 듯이 일상생활을 할 수가 없을 것 같아서였다. 서귀포 시내에 숙소를 정하고 섶섬이 보이는 바닷가에서 파도 소리를 듣고, 올레길과 숲길을 걸으며 3박 4일을 지내고 귀경했다.

집에 돌아온 날부터는 그자가 나오는 뉴스를 볼 수 없어 TV를 끄고 지냈다. 대신 진실을 알리는 시민언론 운동과 정의로운 시민을 일깨우는 시민교육 활동에 적극 참여하기 시작했다. 3월 15일에는 국악방송의 〈문화시대 김경란입니다〉라는 프로에 나가 졸저 《시민을 위한 한문 강의》를 가지고 대담을 나누었고, 다음 날인 3월 16일에는 여의샛강생태공원 샛숲학교에서 한 강의를 바탕으로 집필한 《생태 위기 시대에 노자 읽기》를 가지고 원불교의 원음방송에 출연해 오경석 PD와 인터뷰했다. 3월 21일에는 한겨레 신문의 조현 기자와 《생태 위기 시대에 노자 읽기》와 《논어》를 주제로 5시간에 걸친 인터뷰를 진행했는데, 그 내용은 2022년 3월 24일 자 《한겨레》 신문 '휴심정' 코너에 실렸고, 유튜브 조현TV에도 보도되었다.

이러한 언론 활동 외에도 여의샛강생태공원 샛숲학교 교장을 맡아 '노자 생태 교실', '장자의 소요유와 제물론 읽기' 강의를 지속적으로 진행하였고, 4월 17일에는 청주 길동무도서관 초청으로 '인문학' 강의를 했다.

2022년 5월 10일 윤석열 대통령 취임 날에는 박노해 시인의 〈역사의 무대에서〉에 나오는 시구처럼 "너무 슬퍼하거나 오래 절망하지 말자"라고 다짐하면서, 뜻있는 분들과의 만남을 넓혀 나갔다. 최자웅 성공회 신부, 박충구 감리교신학대 교수, 정종훈 연세대 교수, 김근수 해방신학연구소 소장을 비롯한 민주 진보 진영의 뜻있는 지식인, 종교인들과 활발히 교류했다. 이러한 온라인과 오프라인의 만남은 윤석열 퇴진을 위해 결성된 '민주사회를 위한 지식인 종교인 네트워크'의 밑거름이 되었다.

파리에서의 여름휴가 뒤 본격적인 퇴진 집회

윤석열 취임 이후 TV를 보지 않고 시민교육과 사회 활동에 전념하며 지내면서도 이 좁은 한반도 남쪽에서 그자와 함께 살아가고 있다는 게 참으로 답답해서 여름방학이 빨리 와 파리에 가기만을 기다렸다. 두 딸이 살고 있는 프랑스에 가서 손녀들과 지내며 이 남루한 윤건희 정권의 난정(亂政)에서 잠시라도 벗어나고 싶었다.

2022년 6월 2일 파리로 떠나 9월 1일에 귀국했으니 거의 석 달을 프랑스에서 보낸 셈이다. 파리에 머무는 동안 손녀들의 등하교를 도와주고, 돌아오는 길에 보주광장과 빅토르 위고 박물관을 비롯한 여러 박물관과 미술관을 수시로 찾아 프랑스 문화를 향유했다. 손녀들의 방학이 시작되었을 때는 동계올림픽이 열린 알프스 알베르빌산맥에 가서 가족들과 단란한 시간을 보내기도 했다.

이 프랑스 휴가 중에 가장 잊을 수 없는 일은 제법 잘나가는 큰딸이 아빠의 70세 고희 선물로 런던 토트넘 구장에서 열린 손흥민 경기 직관 티켓을 선물해 준 것이었다. 그래서 런던으로 간 김에 2008~2009년 1년 동안 객원교수를 지냈던 런던대학교 SOAS 캠퍼스에도 오랜만에 들렀는데, 대학 건물은 그대로였으나 여름방학 중이라 도서관을 제외하고는 사람이 거의 보이지 않았다.

3박 4일의 런던 여행을 마치고 파리로 돌아와 귀국 선물을 준비하려고 파리시청 옆 베아슈베 백화점에 갔는데, 프랑스 국기 색인 파란색, 하얀색, 빨간색이 섞인 머플러를 50% 세일하고 있었다. 그래서 하나를 사려다가 몇 개 더 샀다. 귀국하면 반드시 윤석열 퇴진 집회가 열릴 터인

새 시대를 위해 행동하는 '네 게바라'. (왼쪽부터) 김근수, 김영, 박충구, 정종훈

데, 그때 '네 게바라'가 이 머플러를 함께 매고 피켓을 들면 폼 나지 않을까 하는 생각이 든 것이다. '네 게바라'는 평소 페이스북을 통해 비슷한 문제의식을 공유하며 공명해 오던 박충구 명예교수, 정종훈 교수, 김근수 소장 그리고 나 이렇게 네 사람을 장난삼아 부르던 명칭인데, 자주쓰다 보니 형식이 내용에 영향을 주기도 했다.

9월 1일에 귀국해 보니 윤석열의 몰상식한 국정 운영은 갈수록 파행으로 치달아, 민주 시민들이 또다시 거리에서 피켓과 촛불을 들고 있었다. 파리에서 사 온 머플러와 체 게바라가 파이프를 물고 머리에 썼던 것과 비슷한 검은색 베레모를 동지들에게 나누어 드렸다. 우리 '네 게바라'가 촛불행동 집회에 참여한 것은 추석이 지난 뒤인 2022년 9월 17일 오후 5시 청계천 광장에서 열린 제6차 촛불행동 집회부터였고, 피켓 구호는 '윤석열 퇴진, 김건희 특검'이었다.

촛불집회 참석과 시국 논평, 월례 포럼 운영

매주 주말 시청 앞에서 숭례문에 이르는 태평로에서 윤 정권 퇴진 집회를 하고, 페이스북과 카카오톡에 우리의 주장과 시위 사진을 올리자 뜻있는 은퇴 교수님들과 목사님, 신부님들이 호응해 왔다. 이명재 원로 출판인, 조성민 교수 내외분, 김창규 목사님, 유정현 목사님이 합류해 주셨고, 이 모임을 정례화하기로 의견을 모았다.

그러면서 나는 지난 대선 패배 원인의 하나가 기울어진 언론 지형에 있다는 생각이 들어, 새로운 시민언론인 '뉴탐사'와 '민들레' 창간 및 운영에도 적극 참여하였다. 뉴탐사의 강진구·최영민 기자가 진행하는 〈나깨좋〉 프로그램에 출연하고, 이후 시민의 올바른 역사의식과 교양 함양을 위해 '뉴탐사 시민학당'을 개설하여 교장을 맡고 10개의 강좌를 운영했다. 뉴탐사와 자매 관계인 인터넷 시민언론 '민들레' 창간에도 강기석 고문, 이명재 대표와 함께 발기 위원으로 참여하여 〈명령의 과잉과 압수 수색 전성시대〉, 〈다시 촛불을 들어야 하는 이유〉 등의 칼럼을 '민들레 광장'에 기고했다.

그러던 중 2022년 10월 29일 이태원 참사가 일어났다. 사고 예방이라는 국가의 기본적 임무를 소홀히 한 탓에 159명이 목숨을 잃는 비극이 벌어졌다. 희생자들을 애도하고 촛불행동 시 '유가족 대기 천막'에서 집회에 참석한 고(故) 이지한 배우의 어머님을 비롯한 유가족들을 위로하면서 참사의 원인 규명과 책임자 처벌을 촉구하는 이태원·용산 집회에도 참여했다.

2023년 2월 18일, 윤석열 타도를 위한 전국 촛불집회

이태원 참사 희생자 이지한 군의 어머님과

시작에 앞서 카페에 모여 시국담을 나누면서 '민주사회를 위한 지식인 종교인 네트워크'(약칭 '민사네')를 결성하자는 데 합의하였다. 박충구 교수와 내가 공동대표를 맡았고, 3월 1일 탑골공원 앞에서 열린 '검찰독재와 민생파탄·전쟁위기를 막기 위한 비상시국회의'에 참석하신 이만열 교수님(전 국사편찬위원장)을 만나 뵙고 민사네의 원로 고문으로 모셨다.

이후 민사네는 갈수록 심해지는 윤석열 정권의 횡포를 논리적으로 비판하기 위해 지식인 그룹이 할 수 있는 일이라 여긴 시국 논평을 발표하고, 우리 사회의 중요 이슈를 심층적으로 논의하는 월례 포럼을 개최하여 공론을 모으는 작업을 했다. 2023년 9월부터 박충구 공동대표의 〈시대착오적인 윤석열 정권, 국민을 우롱하고 있다〉와 나의 졸고 〈홍범도 장군에 대한 역사 쿠데타를 멈추라〉를 시작으로 매주 시국 논평을 발표하여 총 31번을 이어 갔다. 또한 9월 16일부터 시작한 월례 포럼은 조성민 교수의 〈인권이 존중받는 정의로운 사회를 향하여〉라는 첫 발제를 시작으로, 올해 3월 한동수 변호사의 〈검찰개혁〉에 이르기까지 17차례나 진행되었다.

지속적인 퇴진운동과 12·3 비상계엄, 내란

대한민국은 민주공화국이고 모든 권력은 국민으로부터 나온다고 하지만, 대통령제 아래에서 '대통령'의 권한은 막강하고, 입법부·사법부·행정부의 삼권이 독자적으로 분립되어 있다고는 하나 사실상의 국정 운영은 대통령이 주도하고 있다는 것을 윤 정권의 폭정을 보고 절실히 깨달았다. 검찰총장 재직 시절부터 자의적이고 임의적인 수사와 기소를 하면서 자신에게 밉보인 사람과 정적을 탄압하고 제거하는 데 익숙해진 검찰 독재자 윤석열은 국민의 여론과 야당의 의견은 철저히 무시하고 무속인과 처의 말을 따르며 과대망상에 가까운 언행을 거듭하다가 결국 국회의원 총선에서 국민의 호된 심판을 받았다.

그럼에도 정신을 차리지 않고 모든 문제를 힘으로 밀어붙이는 독재자 스타일을 고집하여, 국회에서 통과된 법안들을 수십 차례 거부하며 민의의 전당인 국회를 철저히 무시하더니, 마침내 지난해 말 어처구니없는 비상계엄을 선포하여 셀프 쿠데타를 일으켜 자멸의 구렁텅이에 빠져들었다.

사실, 2년 반 동안 매주 주말 '윤석열 퇴진과 김건희 특검'을 외치며 거리에 나섰던 촛불시민들조차, 이렇게 끈질기게 싸우는데도 오불관언의 태도로 폭주하는 윤석열을 보며 좀 지치기도 하고, 새로운 전략이 필요한 것은 아닌지 자문하기도 했다. 그러던 중에 어느 신부님의 표현대로 '지랄발광'답게 21세기 문명국가 대한민국에서 모든 정치 활동과 언론·출판·집회를 금지하고, 군대를 동원해 국회를 장악한 뒤 국회의원을 끌어내 정치적 반대자들과 함께 구금하여 영구 독재를 획책한 비상계엄, 내란을 일으킨 것이다.

1972년 박정희의 유신 독재 체제를 겪었고, 1980년 5·18 민주화운동 당시 광주의 민주 시민들을 무차별 학살한 전두환 살인마의 반생명적·반인륜적 파렴치한 행태를 쓰라리게 경험했던 나는 이번 사태에 엄청난 충격을 받았다. 나는 평생 대학에서 학생들을 가르치는 선생 노릇을 하면서도 마음속 깊이 늘 부끄러움이 남아 있었다. 1980년 전두환 독재자에 항거하다 숨진 광주 민중들에 대한 죄책감과 미안함이 역사의 고비 때마다 나를 일깨웠다. 나는 1972년 군 복무 중 감시하에 실시된 유신헌법 찬반 투표에서 부끄럽게도 내 양심에 반하여 찬성표를 던졌고, 1980년 광주 민중들이 전두환 계엄군에 저항하다가 피를 흘렸다는 소식을 풍문으로 들었으면서도 아무런 행동도 하지 못했다는 자괴감이 항상 마음의 빚으로 남아 있었다.

아마도 1987년 '호헌 철폐, 독재 타도'를 외친 6·10 민주화운동 당시에 내가 35세 조교수의 신분으로 시국성명서에 서명하고, 7년 전 박근혜 국정농단 세력 축출을 위한 탄핵 촛불집회에 참여하고, 지난해 12월 3일 비상계엄령 선포 소식을 듣고 곧장 국회 앞으로 달려간 것은 모두 이러한 부끄러움에서 비롯된 것이 아니었을까 한다.

12·3 내란의 밤 국회 앞 상황과 남태령·한남동 대첩

2024년 12월 3일 저녁, '지랄발광' 윤석열이 전쟁이나 국가적 혼란 상황이 아닌데도 자기를 반대하는 여야당 지도자와 국회의장, 국회의원들을 종북 좌파 세력으로 몰아 제거하기 위한 목적으로 느닷없이 비상계엄령을 선포하고, 실제로 무장한 공수특전단 부대원을 국회 본관과 선관위에 투입하는 것을 보며 큰 충격을 받았다.

계엄이 선포된 그날, 나는 오전 10시에 국회의원회관에서 열린 '조광조의 사림 개혁 정치와 대한민국 정치개혁의 방향' 세미나에 참석했고, 낮에는 광화문의 안병무도서관에서 '난세에 맹자 읽기' 강의를 한 뒤 집으로 돌아와, 좀 지쳐서 밤 10시쯤 침대에 누워 페이스북을 하다가 잠들려 하고 있었다. 그때 거실에서 뜨개질하며 강진구 기자의 '뉴탐사' 유튜브 방송을 시청하던 아내가 방으로 뛰어 들어와 비상계엄이 선포되었다는 소식을 전해 주었다. 민주당 이재명 대표가 유튜브 생중계를 통해 시민들에게 빨리 국회로 와 달라고 호소하고 있다는 말도 덧붙였다.

나는 해병대 출전 태세 완비 5분 대기조 출신답게 후다닥 점퍼를 입고 집회용 등산화를 신고 장갑을 낀 뒤 집을 나서 택시를 타고 국회로 향했다. 목동 집에서 국회로 가는 택시 안에서 아내에게 이렇게 말했다. "나는 올해 일흔셋으로 살 만큼 살았고, 1980년에 숨진 광주 민중들에게 마음의 빚이 있다. 그때 아무것도 하지 못한 부끄러움이 있어 이번에는 죽음을 각오하니, 당신은 남아서 뒷일을 수습하고 아이들을 잘 돌봐 주시오."

도착해 보니 국회 정문 앞에는 국회경비대와 국회의원, 시민들과 경찰들이 뒤엉켜 있었고, 계엄군을 실은 육군

2024년 12월 3일에 열린 '조광조의 사림 개혁 정치와 대한민국 정치개혁의 방향' 세미나

2024년 12월 3일 오후 '난세에 맹자 읽기' 동학들과

차량이 헤드라이트를 켠 채 국회 정문을 향해 서 있었다. 나는 계엄군이 탑승한 육군 차량의 국회 진입을 막기 위해 민주 시민들과 함께 차량 앞에 주저앉아 "계엄을 해제하라!"라는 구호를 외치며 연좌시위를 하였다. 점차 늘어난 시민들이 국회 앞 도로를 가득 메웠고, 하늘에서는 헬리콥터가 굉음을 내며 국회 뒤편으로 날아갔다.

성난 시민들은 국회 정문 왼쪽 출입문 앞에서 국회 안으로 들어가려는 국회의원들과 직원들이 통과할 수 있도록 문을 밀치며 고함을 질렀다. 그렇게 승강이하면서 연신 "계엄 해제! 윤석열 탄핵!"을 외쳤다. 그러던 중 유튜브 생방송으로 국회 본회의장에서 우원식 의장이 계엄 해제안이 가결되었음을 선포했다는 소식을 듣고 시민들은 일제히 환호하며 만세를 불렀다.

그 뒤 탄핵 가결을 촉구하는 국회 앞 집회를 시작으로, 어처구니없는 계엄 선포와 계엄군 난입 사태를 목격한 응원봉 세대들이 여의도 광장과 남태령, 한남동, 헌법재판소 부근 도로, 광화문으로 쏟아져 나오기 시작해 거대한 민주화의 물결을 이루었고 '빛의 혁명'이 시작되었다.

헌재의 심판 연기와 만장일치 파면 선고

온 국민과 전 세계가 TV와 유튜브 생중계를 통해 실시간으로 지켜보는 가운데, 아무런 법적 요건도 갖추지 못한 채 계엄군을 입법기관인 국회와 헌법기관인 선거관리위원회에 투입하고, 정치적 반대 세력을 수기해 제거하려한 국가 내란이자 헌정 질서 파괴 행위에 대한 파면 인용선고는 명약관화하다고 생각했다. 그러나 윤석열을 옹호하는 파시즘 세력의 준동과 법비(法匪)들의 교활한 법 적용으로 내란 수괴범 윤가가 어처구니없게도 '법적 탈옥'을 하게 되자, 금방 이루어질 줄 알았던 헌법재판소의 파면 인용은 차일피일 미루어졌다. 우리나라 헌정 질서가 무너질 것 같은 분위기가 조성되었고, 당연한 헌재 파면 선고가 하루하루 늦어지자 민주 시민들은 애간장을 태웠다. 그 분노는 점차 한덕수, 최상목 대통령 권한대행과 헌법재판소를 향했다.

낙관하던 민주당 지도부도 긴장하며 대응책 마련에 나섰고, 2년 반 동안 윤석열 정권 퇴진운동을 주도해 온 촛불행동뿐만 아니라 이번 내란을 사회 대개혁의 계기로 삼으려는 민주노총, 참여연대, 여성환경연대 등 여러 단체도 본격적으로 시위에 참여했다. 각 대학 민주동문회를 비롯한 소규모 단체와 모임들은 저마다 특색 있는 깃발을 들고 광화문으로 모여들기 시작했다.

긴장은 고조되고 윤석열의 신속한 파면을 요구하는 시위대는 점점 대규모로 늘어났다. 주말에만 하던 시위가 매일 벌어지고, 국내외에서 파면 촉구 집회에 참여하는 시민들을 응원하기 위해 선결제해 준 제주 귤, 어묵, 커피, 꽈배기 등을 나눠 주는 부스와 푸드트럭이 곳곳에 설치되는 훈훈한 민주공동체 분위기가 조성됐다. '촛불행동'은 헌법재판소 인근 도로와 열린송현 녹지광장에서 집회하고, '사회 대개혁을 위한 비상행동'은 광화문에서 집회한 뒤 각 단체의 조끼를 입고 깃발을 휘날리며 시가행진하였는데, 그 모습이 실로 장관이었다. 집회에는 스타 국회의원들뿐만 아니라 각계각층의 시민과 청년, 여성들의 참여가 특히 두드러졌다.

이러한 긴장 국면은 윤 정권의 사냥개 역할을 하던 정치검찰로부터 수백 건의 기소를 당했던 이재명 민주당 대표의 선거법 위반에 대한 항소심에서 무죄 판결이 나오

2025년 4월 4일 안국동 송현광장에서 헌재의 윤석열 파면 선고를 기다리면서 (왼쪽부터) 김창규 목사, 김규돈 신부, 김영, 김근수 소장

면서 분위기가 반전되기 시작했다. 이제 시민들뿐만 아니라 천주교정의구현전국사제단을 비롯한 각 시민·종교 단체들도 적극적으로 행동에 나섰다. 우리 민사네 회원들도 고령에도 불구하고 젊은이들과 끝까지 연대하며 남태령과 한남동에서부터 안국동, 광화문에 이르기까지 조속한

파면을 촉구하는 시위에 함께했다. 이러한 힘이 모여 마침내 2025년 4월 4일, 헌재의 전원 일치 파면 결정을 이끌어 냈다. 문형배 헌법재판소장 권한대행의 "피청구인 윤석열을 파면한다!"라는 선고는 우리나라 민주주의를 다시 되살리고 헌법 질서를 재확인한 역사적인 판결로 남을 것이다.

1970년 대학에 입학해 민주화와 산업화를 동시에 경험한 나에게는 헌재의 윤석열 파면 선고가 있었던 2025년 4월 4일이, 1987년 전두환 군사 독재 정권에 빼앗긴 국민주권을 6·10 민주화운동으로 되찾고, 7년 전 박근혜 국정농단 세력을 시민의 힘으로 몰아낸 이후, 이번 윤석열 검찰 독재를 시민들, 특히 젊은 여성들을 주축으로 한 청년 세대와 함께 쫓아낸 결코 잊을 수 없는 날로 기억될 것 같다. 이번 윤석열 검찰 독재 정권 퇴진 항쟁에 함께해 준 모든 시민과 동지들께 감사드린다.

윤석열 파면 선고와
새로운 민주적 사회 개혁의 과제

– 민사네 시국성명서

2024년 12월 3일 대통령으로서의 능력과 자격이 하나도 없는 용렬한 윤석열의 느닷없는 선포로 시작된 비상계엄 사태는 2025년 4월 4일 오전 11시 22분 문형배 헌법재판소장 권한대행의 "피청구인 대통령 윤석열을 파면한다."라는 선고로 모든 것이 다시 제자리로 돌아가는 아름다운 풍경이 펼쳐지게 되었다. 헌법 질서를 침해하고 민주 공화정의 안정성에 심각한 위해를 가하여, 온 국민을 불안과 긴장으로 몰아넣은 내란은 민주 시민들의 끈질기고 전면적인 저항과 군경의 소극적인 임무 수행 덕분에 123일 만에 종식되었다.

비록 적지 않은 시간이 걸리고 국력의 엄청난 소모가 있었지만, 피청구인 대통령 윤석열이 "국군의 정치적 중립성을 침해하고 헌법에 따른 국군 통수의 의무를 위반"하였다는 사실을 헌재가 확인함으로써, 대통령을 비롯해 어떤 권력기관이라 하더라도 민주적 헌정 질서를 침해할 수 없으며, 대한민국이 헌법과 법치의 기초 위에 설립된 민주공화국임을 재확인한 민주 회복력을 국내외에 보여주었다는 점에서는 큰 의미가 있다고 하겠다.

새로운 출발은 잘못된 과거의 청산에서 비롯된다. 새롭게 진전된 민주주의 시대를 맞이하기 위해서는 윤석열 검찰 독재 정권하에서 저질러진 국내 정치의 잘못을 개혁하고, 한반도의 평화와 국익에 반하는 종미·친일 일변도의 편향된 외교·경제 정책을 주체적 국익 관점에서 재조정해야 한다.

그러나 헌재의 판결로 이번 내란 수괴는 파면되었지만, 그가 남긴 후유증과 과제는 만만치 않다. 곧 차기 대통령을 선출하는 대선 일자가 공지되고 본격적인 대선 경선 국면에 접어들게 되겠지만, 이번 탄핵 정국에서 노정된 헌정 파괴 세력을 맹목적으로 옹호하는 전광훈·손현보 같은 극우 개신교 인사들과 전한길 및 극우 유튜버들의 불합리한 억지 주장 그리고 법원까지 침탈하는 횡포를 합리적 보수 논리로 설득하고 제지하고 견인해 내지 못하는 국민의힘의 무능과 반민주적·파시즘화 경향은 매우 우려스러운 일이 아닐 수 없다. 당의 정체성에 걸맞은 합리적 보수 지도자를 키우지 못하고, 당 밖에서 준비도 안 된 무능한 인물을 급조 영입한 국민의힘은 해체 수준의 환골탈태가 필요하다. 아울러 극우 파시즘의 온상이 된 불평등, 부의 극단적 편중, 사회적 약자의 고립과 소외 같은 사회 문제를 해결하는 근본적인 처방이 이루어져야 할 것이다.

윤석열 내외의 무모한 국정 운영과 간섭은 반드시 사법의 심판을 받아야 한다. 이에 더하여 국민의 의혹을 사고 있는 용산의 불법적인 공천 선거 개입, 김건희와 최은순 모녀의 도이치모터스 주가 조작 사건과 양평고속도로 설계 변경, 해병대 채수근 상병 순직 사건 진상 조사에 대한 개입, 이태원 참사에 대한 진상 규명과 책임자 처벌도 필요하다. 그리고 엄청난 폭발력을 지닌 인천세관 대형 마약 반입 사건 조사를 방해한 심우정 검찰총장과 윗선의 개입 의혹에 대한 철저한 조사를 위한 특검, 그리고 대통령 비행기 추락에 대한 풍자성 발언을 문제 삼아 성공회 신부의 사제직을 박탈한 사건의 원상회복도 요청된다. 이와 함께 이름과 정반대의 일을 하고 있는 국가인권위원회, 친정부 하수인으로 구성한 방송통신위원회, 독립 정신과 상반되는 친일 뉴라이트 인사들을 독립기념관장 등 국가 연구교육기관장으로 임명한 부실하고 편파적인 인사도 전면 쇄신해야 할 것이다.

그리고 내란 수괴 윤석열과 그의 계엄 과정에서 반대는커녕 방관하거나 동조하고, 헌재의 마은혁 재판관을 임명하라는 판결을 무시하면서 헌법을 위반하고 있는 한덕수·최상목 같은 국무위원들, 내란을 끝까지 옹호하고 법과 헌법을 유린한 국민의힘 지도부, 내란의 하수인으로 적극 가담했던 군 지휘관들과 경찰 고위직 인사들, 윤석열 체포를 방해하고 비화폰 사용 흔적을 제거했던 경호처 관계자들, 윤석열 석방 과정에서 법을 왜곡하거나 임의로 적용했던 법원 판사들과 검찰청 검사들에 대해서도 단호히 단죄할 것을 촉구한다. 이번 내란을 선동하고 법원 침탈을 부추긴 전광훈·손현보 같은 극우 개신교 인사들과 유튜버들에 대한 수사와 처벌도 필요하다. 아울러 공권력의 문민 통제를 강화하기 위해 검사·판사·경찰 고위직에 대한 선출제와 배심원제 도입도 추진해야 한다.

헌재의 파면 선고로 1차 윤석열의 내란은 끝났다고 할 수 있지만 국가 운영을 농단해 왔던 검찰 권력, 노동자의 권리와 일반 서민들의 삶을 무시해 온 재벌 권력, 독재 정권의 나팔수 역할을 하면서 공론장을 파괴하고 지배 이데올로기를 전파하는 데 혈안이 된 레거시 미디어의 개혁은 시급한 당면 과제이다.

새로운 민주 사회 건설을 위해서는 곧 실시될 대선에서 퇴행적인 내란 옹호 세력의 재집권을 막고 사회 개혁을 실천할 인물을 대통령으로 선출해야 한다. 윤석열 탄핵 인용 때까지 광장에서 보여 준 민주당을 비롯한 야5당의 연대는 계속되어야 하고, 윤석열 탄핵에 큰 역할을 한 촛불행동·비상행동·비상시국회의를 포함한 시민사회와도 함께 연대할 수 있도록 해야 한다.

내란의 여진이 가라앉고 새로운 민주 개혁 정부가 들어선 뒤 논의되어야 할 개헌의 시기와 내용에 있어서도 2024년 '빛의 혁명'의 주역인 민주 시민들이 정당과 함께 실질적인 주체자로 참여할 수 있어야 할 것이다. 그리하여 지난 박근혜를 촛불혁명으로 파면한 뒤 개혁의 실패로 윤석열 검찰 독재 정권의 등장을 막지 못했던 우를 다시는 범하지 말아야 할 것이다.

헌재의 내란 수괴 윤석열에 대한 파면 결정은 내려졌지만, 연성 내란의 가능성은 여전히 남아 있고 아직 갈 길이 멀다. 이제 우리는 노벨문학상 수상 작가 한강이 말한 대로, 과거의 역사적 경험이 현재의 문제를 해결하는 데 도움이 되고, 독립과 민주화를 위해 피와 땀과 생명을 바친 분들의 숭고한 삶을 오늘날 우리의 비장한 다짐으로 되새겨야 할 것이다.

2025년 4월 8일

민주사회를 위한 지식인 종교인 네트워크 일동

'빛의 항쟁'으로 사법 내란 진압하고 국민주권 시대를

페이스북
2025.5.1.

2025년 5월 1일 오후, 대법원은 이재명 더불어민주당 대통령 후보의 선거법 위반 혐의에 대한 고등법원 2심의 무죄 판결을 뒤집고 파기환송하는 몰상식한 판결을 내렸다. 이는 사실상 내란 수괴와 그를 옹호하는 여당 후보 그리고 대법원 판결 후 즉시 대통령 권한대행 국무총리직을 사임하고 차기 대선에 출마하려는 한덕수를 노골적으로 편들려는 정치적 판결이자 12·3 비상계엄에 이은 제2의 사법 내란이다.

지난 2년 반 동안 윤석열 검찰 독재 정권 퇴진을 위해 끈질기게 투쟁한 결과, 국회의 탄핵 결정에 이어 헌법재판소는 만장일치로 윤석열에 대한 파면을 인용하여 민주 헌정 질서를 수호할 수 있었다. 그런데 대법원은 이러한 국민의 뜻과 국민주권의 헌법 정신을 배반하는 오판을 하였다. 이는 명백히 국민의 대통령 선택권을 침해하려는 불순하고도 왜곡된 법리 적용이며 수구 기득권 동맹을 지키기 위한 음흉한 책략이 아닐 수 없다.

조희대 대법원장은 그동안의 관행과 상식을 무시하고 방대한 수사 기록에 대해 최종 심의기관으로서의 신중한 검토와 숙의 시간을 거치지 않고 무엇에 쫓기듯 졸속으로 이른 판결을 내렸다. 그것에 양심의 가책을 느꼈는지, 양심적인 소수 재판관의 의견을 읽고 주문을 낭독할 때는 손과 목소리가 떨리기도 했다. 사법부는 헌법에 명시된 대로 정치적 중립 의무를 준수해야 할 책임이 있을 뿐만 아니라, 국민의 대통령 선출권을 방해하거나 영향을 주는 행위를 해서는 안 된다. 그런데도 조희대 대법원장이 중심이 된 대법원 전원합의체가 이재명 더불어민주당 대통령 후보에 대한 무죄 판결을 뒤집고 사건을 파기환송한 것은 권력화된 사법부의 명백한 대선 개입으로, 내란 동조 세력을 사법이라는 누더기로 감싸 주는 불법 행위이다.

대통령 선거는 소위 엘리티즘으로 가득 찬 검찰이나 법관이 주도하고 결정하는 것이 아니라 나라의 주인인 국민이 선택하는 것이다. 고등법원에서 무죄 선고가 났고 국민의 압도적 지지를 받고 있는 이재명 민주당 후보에게 불법 비리 정치인이라는 낙인을 찍고 흠집을 내려는 시도를 즉시 중단하여야 할 것이다.

지난 3년간 윤석열 독재 종식과 민주 헌정 수호를 위해 촛불시민들의 '빛의 혁명'에 동참해 온 우리 '민주사회를 위한 지식인 종교인 네트워크'는 이번 대법원의 부당한 판결을 강력히 규탄하며, 이후에도 법원과 검찰의 대통령 선거운동 과정에서의 불법적이고 편향적인 정치 개입을 즉각 중단할 것을 강력히 촉구하며 예의 감시할 것이다.

윤석열은 파면되었지만, 우리 사회 상층의 검찰과 법원, 고위 관료와 수구 언론 등 기득권 카르텔 곳곳에는 내란 세력들이 잔존해 암약하고 있다.

대한민국이 명실상부 '국민이 주인'인 민주주의 국가가 되기 위해서는 '빛의 혁명'으로 윤석열 독재 정권을 물리친 우리 민주 시민들이 범국민적 저항 행동으로 내란 세력을 청산하고, 국민의 압도적 지지를 받는 후보자를 대통령으로 선출하여, 이번에 심각한 문제점이 노정된 검찰과 사법 조직의 개혁을 비롯한 사회 대개혁을 완수해야 할 것이다.

12·3 내란의 밤의 기록과 현장 사진

이호 작가의 포토에세이 《광장: 내란의 밤을 넘어선 새벽》(내일을여는책, 2025)에 2024년 12·3 내란의 밤 당시 국회 앞에 있었던 필자와 아내의 모습을 담은 글이 실려, 옮겨와 본다.

계엄포고령 1호가 헌법을 정면으로 위반한 조치임을 그 자리에 있던 모든 시민들은 이미 알고 있었다. 국회의원만이 계엄을 해제할 수 있음에도, 내란 세력은 경찰을 동원해 국회 출입을 가로막았고, 군을 동원해 무력으로 국회를 침탈하려 했다. 그러나 시민들은 물러

서지 않았다.

국회 정문으로 들어가지 못하는 국회의원들이 담을 넘어 들어갈 수 있도록 온 힘을 다해 밀어 주었고, 멀리서 다가오는 군용 버스 앞에서는 맨몸으로 길을 막아섰다. 그 혼란의 한복판, 국회 정문 앞에서 김영 교수님 내외 분을 만났다. 두 분은 육군 버스를 가로막고 서 계셨다. 그 순간, 전혀 어울릴 것 같지 않은 천진난만한 미소가 두 분의 얼굴에 번졌다. 교수님은 환하게 웃으며 나를 불렀다.

"이 작가, 우리는 지난 1980년 5·18 광주민중항쟁 때 특별한 도움을 주지 못했어. 그런데 지금은 우리 부부가 73세, 70세로 살 만큼 살았거든. 지금 여기서 죽어도 여한이 없어. 민주주의를 지킬 수 있다면."

그리고 교수님은 소박한 부탁을 남기셨다.

"이 작가, 우리 부부, 이 육군 버스 앞에서 기념사진 하나만 찍어 줄 수 있지?"

이토록 처참한 상황에서, 이토록 환한 미소와 행복한 표정이라니. 비극의 한가운데서도 희망을 노래하고, 절망 속에서도 내일을 꿈꾸는 사람. 바로 이들이 민주 시민이었다. 소설 속에서 만날 법한, 이상하고도 아름다운 등장인물들이 마치 마법처럼 현실에 나타나 세상의 정의를 바로 세우고 있었다.

나는 그날 밤 그 미소와 그 부탁을 오래도록 잊지 못할 것이다. 민주주의를 지키는 일은, 때로는 가장 평범한 얼굴에 깃든 가장 빛나는 용기에서 시작된다는 것을, 그분들이 보여 주었다.*

12·3 내란의 밤에 우리 내외의 모습을 찍은 사진과 기록을 《광장》에 남겨 준 촛불행동의 이호 작가님께 감사드린다. 그날 밤 국회로 와 달라는 이재명 당시 민주당 대표의 다급한 유튜브 생중계 호소를 듣고 국회 앞으로 나가 수방사 계엄군 호송 차량 앞에 연좌해 국회 진입을 저지

---

* 이호, 《광장》, 내일을여는책, 2025, 19~21쪽.

이호 작가가 찍어 준 육군 계엄 버스 앞 우리 내외의 사진

했을 뿐인데, 이호 작가를 비롯한 JTBC와 《미디어오늘》
김용욱 기자의 카메라에 포착되어 그 모습이 세상에 알려
지게 되었다.

그저 국회로 달려가 시민의 한 사람으로서 역할을 했을
뿐인데, 이후 《뉴스토마토》에서 필자를 윤석열 내란을 막

'12 · 3 내란을 막아낸 시민영웅' 메달을 들고

아낸 시민 영웅으로 선정하여, 2025년 7월 22일 국회의원 회관에서 열린 기념식에서 '12·3 내란을 막아낸 시민영웅' 메달을 받게 되었다. 수많은 익명의 민주 시민들과 함께한 일인데 어쩌다 '시민영웅'으로 뽑혀 송구한 마음이 들었지만, 한편으로는 자랑스럽기도 했다. 그날 찍힌 사진 몇 장을 남겨 구체적 역사를 증언하려 한다.

▲3일 저녁 윤석열 대통령의 비상계엄 선포에 따라 수도방위사령부 소속 군인들이버스로 국회 정문을 통해 진입하려고 하자 시민들이 막아서고 있다 사진=김용욱 기자

《미디어오늘》김용욱 기자가 찍은 사진

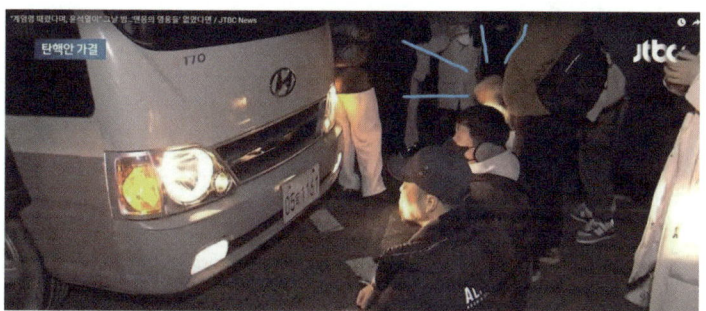

JTBC 카메라에 담긴 연좌시위 모습

《정의실천》, 윤석열 폭정 종식을 위한 민사네의 투쟁 기록

《씨알의 소리》
2025년 7~8월호 축약

앞 시대의 역사를 잊지 않는 것은 뒤 시대의 길잡이가 되기 때문이다. 기억하지 않으면 잊어버리고, 기록해 되새기지 않으면 같은 역사가 반복된다.

우리 역사상 가장 저열한 지배자 윤석열이 헌법재판소에서 파면되고 이재명 대통령이 취임한 역사적 전환기를 맞아, 지난 3년간 윤석열 폭정 종식을 위해 투쟁해 온 민사네의 주요 활동이었던 시국 성명과 시국 논평, 심도 있는 현안 분석을 위한 월례 포럼의 내용과 현장 사진을 모아《정의실천》(메시지, 2025)을 출간하였다.

민사네 회원들은 2022년 가을부터 매주 토요일 오후

시청 앞과 숭례문 사이의 태평로 거리 집회에 참석하기 전 시국담을 나누며 활동 방향을 의논하였다. 심각한 상황에는 시국 성명을 발표했고, 변화하는 국면에는 회원들이 돌아가며 시국 논평을 썼으며, 중요 이슈에 대해서는 월례 포럼을 열어 심도 있는 논의를 하였다. 우리 민사네 회원들은 대체로 정년퇴직한 교육자와 종교인들로, 늘 해 오던 바른말과 정론의 글로써 우리의 주장을 펼치면서 민주 광장의 집회에 나가 민주 시민들과 연대하였다.

2024년 12월 3일 밤에 벌어진 윤석열 내란 수괴의 쿠데타는 민주 시민들의 끈질긴 저항으로 좌절되었고, 마침내 2025년 4월 4일 오전 11시 22분 문형배 헌법재판소 권한대행이 "피청구인 대통령 윤석열을 파면한다."라는 헌재 재판관 전원 일치의 역사적인 선고를 내림으로써 민주 헌정 질서가 되살아났다.

헌재는 이 탄핵 인용 선고에서 윤석열의 계엄 선포가 헌법 및 계엄법이 정한 비상계엄 선포의 절차적 요건을 위반하였고, 정당 활동의 자유를 침해하였으며, 국군의 정치적 중립성을 침해하고 헌법에 따른 국군 통수 의무를 위반하였고, 국민의 정치적 기본권과 단체행동권, 직업의

윤석열 폭정 종식을 위한 민사네 활동
2022~2025

* 민사네 : 민주사회를 위한 지식인 종교인 네트워크
Network of intellectual & Religious People for Democratic Society

민사네 2022~2025 활동
기록 문집《정의실천》

자유를 침해하였으며, 선관위와 사법권의 독립성을 침해
하는 등 헌법 질서와 민주 공화정의 안정성에 심대한 위
해를 끼쳤다고 판결하였다. 헌재는 국회가 신속하게 비
상계엄 해제 요구 결의를 할 수 있었던 것은 시민들의 저
항과 군경의 소극적 임무 수행 덕분이었다고 평가하였다.
그래서《정의실천》문집의 앞뒤 표지에 헌재의 역사적인

2025년 6월 21일 연세대 루스채플에서 열린《정의실천》출판기념회

출판기념회에 참석한 분들과 함께

결정문을 깔았다.

《정의실천》문집이 단순히 한 단체의 활동을 집대성한 책 한 권에 불과하다고 할 수도 있겠지만, 지난 3년간 우리 민사네의 윤석열 폭정 종식을 위한 끈질긴 언론 투쟁과 지행일치 행동에 대한 역사적 기록이라고 생각한다. 이 문집을 간행하면서 민사네 회원 일동은 윤석열 독재 정권 퇴진을 위해 함께 투쟁해 온 김민웅 촛불행동 상임대표와 광화문에서 사회 대개혁 비상행동에 참여한 민주 시민들, 특히 여의도·남태령·한남동·안국동에서 눈비를 맞으며 윤석열 탄핵과 파면 선고를 이끌어 내어 '빛의 혁명'을 완성한 청년들께 깊은 사랑과 연대의 인사를 전한다.

《강수돌 교수의 나부터 정치혁명》을 읽고

페이스북
2025.7.27.

내란 청산 후 해야 할 개혁 과제

우리는 지난 3년 동안 윤석열 검찰 정권의 폭정과 싸우느라 모든 힘을 쏟아부었다. 윤석열 검찰 독재 정권의 출현은 문재인 정권 시대에 검찰 개혁과 언론 개혁을 제대로 하지 못한 결과였다. 그러므로 새로운 정부가 출범하면서 내란 청산과 검찰 개혁을 우선적으로 처리하는 것은 당연한 일이다. 그러나 이러한 작업은 과거의 잘못을 고쳐 민주 사회의 정상을 회복하는 일에 불과하며, 우리 앞에는 그동안 누적된 적폐를 바로잡는 사회 개혁의 과제가 여전히 산적해 있다.

우리네 일상의 민주화를 위해서는 교육 개혁, 노동 개혁, 복지 개혁, 농촌 개혁이 필요하다. 개성 있는 평등화를 지향하는 교육 개혁, 노동 시간 단축과 일자리 나누기를 핵심 과제로 하는 노동 개혁, 사회 공공성을 강화하는 복지 개혁, 농민의 삶을 개선하기 위한 농민 기본 소득과 유기농 농민 공무원제를 골간으로 하는 농민 개혁이 시급한 과제이다.[*]

이 중에서도 평생 교육자로 살아온 필자의 관심을 먼저 끄는 분야는 교육 개혁인데, 강수돌 교수는 아이들의 꿈과 끼를 살리는 교육을 위해 개성 있는 평등화 교육 체제를 만들자고 제안한다. 누구나 꿈꾸는 대로 자기 의지에 따라, 아무 생계 걱정 없이 공부하면서 민주 시민으로 성장할 수 있도록 오전에는 헌법, 근현대사, 문학과 철학, 자본주의를 공부하고, 오후에는 체육과 동아리 활동을 하게 하자는 것이다.

---

[*] 자세한 내용은 강수돌, 《강수돌 교수의 나부터 정치혁명》, 산지니, 2025, 34~38쪽 참고.

경쟁에서 승리하는 변별력 위주의 득점 기계를 양성할 것이 아니라 옳고 그름, 의미와 무의미를 헤아릴 줄 아는 분별력과 지혜를 가진 민주주의 공동체의 주체로 성장하도록 도와주자는 것이다. 참된 지식은 승자 독식의 기술이나 자기가 남보다 똑똑하고 우월하다는 변별력과 작은 지혜[小知]를 키워 주는 것이 아니라, 서로 돕고 상생하는 대동세상의 지혜[大知]를 길러 주는 것이기 때문이다.

탄핵 이후 우리가 만들어 가야 할 세상

우리는 이러한 민주주의와 사회 개혁을 바탕으로 우리가 살고 있는 자본주의 체제를 극복하고 새로운 세상을 만들어 나가야 한다. 그 새로운 세상은 중독된 개인, 중독된 조직, 중독된 사회를 청산하는 것이어야 한다.

현재 우리가 경험하는 모순과 부조리를 극복하기 위해 자본 중독에서 벗어나 생명 존중의 생태 민주주의로 나아가야 한다. 이 길은 개인적인 노력만으로 개척할 수 있는 것이 아니라 광장에서 함께 웃고 우는 과정에서 이루어질 수 있고, 마을 공동체와 집단적인 활동을 통해 열릴 수 있다. 개인적으로 문제를 해결하는 각자도생의 방법에 의지하지 않고, 사회와 지구 전체를 생각하는 돌봄과 나눔의 성찰적 합리성을 드높이고 실천해야 한다.

강 교수는 이러한 희망과 가능성을 이번 내란 극복 과정에서 탄핵 광장에 나온 청년들과 시민들의 모습에서 보았다고 말한다. 필자도 직접 목격하고 체험했던 남태령 대첩 당시 트랙터를 몰고 온 농민들과 하나가 된 2030 여성들, 폭설이 내린 한남동 거리에서 은박지를 두르고 밤을 지새운 '키세스 시위대'는 정말 감동이 아닐 수 없었다.

'빛의 혁명'으로 들어선 민주당 정부가 이런 젊은이들과 민주 시민들에게 진정한 믿음을 주는, 말 그대로 '국민주권 정부'가 되기 위해서는 정권 유지와 지지율에만 신경 쓰지 말고, 진정으로 '사람이 사람답게 사는 세상'을 위해 생존·생활·생명·공생에 대해 깊이 고민하고 국민과 소통하고 토론해야 한다.

강수돌 교수는 또 다른 저서 《자본주의와 생태주의 강의》(북튜브, 2025)에서 거론한 바와 같이, 자본(資本)이 아닌 민본(民本)의 '탈(脫)자본 진(進)생명'의 생태 민주주의를

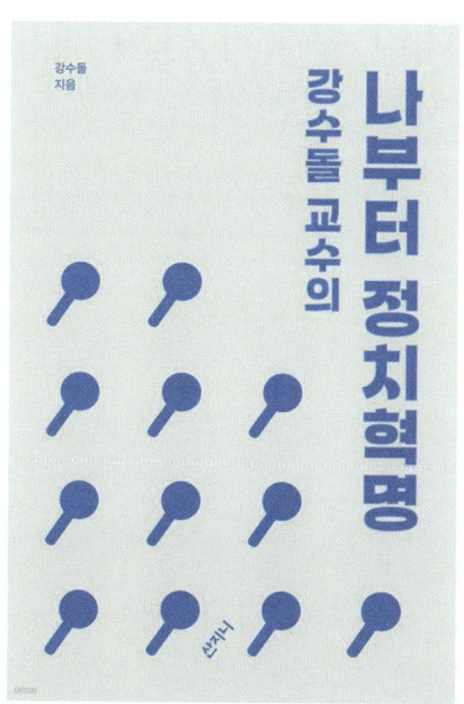

강수돌의 《강수돌 교수의
나부터 정치혁명》

우리 사회가 나아가야 할 방향으로 거듭 제언한다.

　이제 강 교수가 제시한 우리 사회가 나아가야 할 방향
과 사회 개혁안에 대해 진지하게 경청하고 적극적으로 수
용해야 하지 않을까 생각한다.

내란 종식과 사회 대개혁을 위한
지적·실천적 고투

– 조정환의《빛의 혁명 183》을 읽고

페이스북
2025.7.30.

'빛의 혁명' 광장에서 다시 만난《노동해방문학》 논객

1980년대 후반 사회구성체 논쟁에 이어 벌어진 민족문학 논쟁을 경험하며 공부한 필자에게 시민적 민족문학론자 백낙청 선생과 민중적 민족문학론자 김명인 선생 그리고 노동해방문학론자 조정환 선생의 이름은 매우 익숙하다. 그런데 세 논객 가운데 백낙청, 김명인 두 분의 글은 문학 잡지나 언론 매체를 통해 꾸준히 접할 수 있었으나, 유독 조정환이라는 존재는 어느 순간 대중 매체에서 사라졌다.

조정환 선생은 1986년 '민중미학연구회' 사건으로 안
기부에 끌려갔다가 이듬해 서울구치소로 이감되었다. 그
후 1988년 박노해를 비롯한 몇몇 문학예술가들과 함께
《노동해방문학》을 창간하여 왕성한 집필 투쟁을 벌이다
가 1990년 전국에 지명수배가 되어 10여 년간 도피·은신
하다 1999년 12월에 수배 해제되어 다시 글을 쓰고 출판
활동을 재개하였다.

이런 전설적인 조정환 선생을 실제로 대면해 만날 수
있었던 것은 12·3 내란으로 스스로 무덤을 판 윤석열 덕
분(?)이었다. 조 선생이 윤석열 내란 전후 183일을 기록해
이번에 출간한 《빛의 혁명 183》(갈무리, 2025) 책머리에서
"12·3 내란 전인 9월 말부터 '민주사회를 위한 지식인 종
교인 네트워크' 회원들과 함께 촛불집회에 참여하고 있었
다."라고 말한 대로, 우리는 9월 28일 윤석열 탄핵을 위한
비상시국회의 집회 후 태평로에서 처음 만났다. 조 선생
과 고등학교 동창인 이흥용 교수(건국대 명예교수, 헌법학)가
모시고 와 서로 인사를 나누었다. 처음 "조정환입니다."라
고 인사하기 전까지는 1980년대 말 필명을 날리던 그 조

정환인 줄 몰랐다. 이후 집회 현장에서 함께하고, 페이스북에 올린 글들을 유심히 보면서 그 필력에 다시 한번 감탄하며 많은 지적·실천적 자극을 받았다.

내란 전후사를 해석하는 새로운 시각

조정환 선생의 책 《빛의 혁명 183》에 담긴 글은 주로 2024년 윤석열의 비상계엄 선포에 이르기까지 촛불행동과 비상행동의 동정에 대해 페이스북에 쓴 칼럼을 다시 꼼꼼하게 정리한 것이다. 이하 필자의 독후감에서는 우리가 함께 체험했던 내란 전후에 대한 조 선생의 기록을 바탕으로 그의 독특한 관점을 간략히 정리해 보고자 한다.

이 책을 읽어 보면 알겠지만, 조 선생은 단지 윤석열 정권의 타도를 목표로 한 정치적 퇴진운동에만 관심을 둔 것이 아니라, 그 운동의 진행 과정에 참여한 국민 다중(多衆)의 동향과 다양하고 개성적인 주장들에 주목하고 있는 점이 독특하다. 조 선생은 기존의 개념과 분석 틀로 이번 사태를 충분히 설명할 수 없다고 생각한다. '국민'이라는 말이 헌법 제1조 제1항에 나오고, 이번 퇴진 집회에서도 주권재민을 강조할 때 호명되었지만, 이번 빛의 혁명 광장에 모인 다중들의 특성과 사회적 성격을 온전히 담아내지는 못한다고 본다.

그래서 조 선생은 빛의 광장에 나온 국민을 '다중'으로, 국민주권을 인간과 비인간 사물을 아우르는 '물민(物民)주권'으로, 시민주권을 '다중주권'으로, 국가주권을 '생태주권'으로 변경하거나 확대해야 한다고 생각한다.

이러한 조 선생의 '다중'이라는 용어를 사용하는 문제의식은 이번 빛의 광장에 함께 참여했던 주체들을 통상적인 '국민'이라는 범주에 포괄하기 어렵다고 보기 때문이다. '국민'은 닫힌 정체성의 개념이지만, '국민 다중'은 국민에서 출발하더라도 국민 너머로, 심지어 비인간 사물에까지 열려 있는 개념이라고 말한다. 이는 국내 및 이주 노동자, 아르바이트생, 장애인, 젊은 여성, 페미니스트, 자영업자, 소상공인, 농민 그리고 깃발, 트랙터, 택배 오토바이, 담요, 눈, 난방차, 선결제 푸드트럭 등 '인간 + 비인간'의 물민 혼성체를 포괄하기 위한 것으로 보인다.

앞으로의 전망

조 선생은 이번 '빛의 혁명' 과정을 겪으면서 기존에 구상해 왔던 '섭정민주주의'를 좀 더 명확히 한다. 섭정민주주의는 다중이 권력을 장악하지 않고 권력으로부터의 활력적 독립성과 자율성을 가지면서 자기 힘의 소외태(疏外態)인 권력이 자기 삶의 필요에 맞게 행사되도록 지휘하고 통제하자는 것이다. 헌법 제1조가 국민을 주권자로 호명하면서도, 그것을 권력의 원천으로만 규정하고, 자신의 주권을 대표자에게 위임하여 대리적으로만 행사하기 때문에 섭정의 길에 장애가 된다는 것이다. 그래서 조 선생은 현존 자본주의에 대한 찬반을 기준으로 우와 좌로 나뉘어 온 대의민주주의 권력과 직접민주주의의 활력 차이를 독립적인 정치 공간으로 설정한다.

"힘은 사람들이 함께 행동할 때에만 생겨난다."라는 한나 아렌트의 말을 믿는 조 선생은 다중의 해방적 힘은 법에서 나오는 것이 아니라, 오히려 존재론적이고 윤리적이며 미학적인 힘에서 나온다고 하여 윤리적·미적 충동을 강조한다.

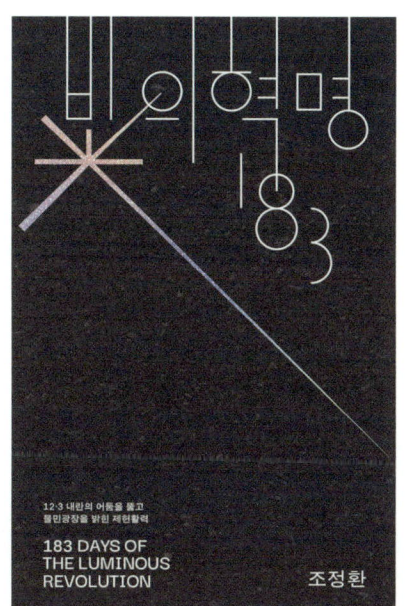

조정환의
《빛의 혁명 183》

송현광장에서 조정환 선생과 함께

183일간 '국민 다중'이 참여한 빛의 혁명을 통해 우리는 내란 수괴를 파면하고 구속시켰으며 새로운 민주 정부를 수립하였다. 이제 우리 앞에 놓인 과제는 약탈된 국민 주권을 회복하고 새로운 쿠데타의 가능성을 차단하는 내란 종식 작업과 더불어, 온 국민이 소외되지 않고 주권자의 권리를 행사할 수 있는 '국민 다중'의 제헌 활력을 갖는 것이다.

빛의 혁명 속에서 탄생한 이재명 대통령의 국민주권 정부는 권력을 또다시 정치 엘리트들 간의 분점으로 나눠 가질 것이 아니라, 권력을 국민 다중 속으로 순환시키고 국민 다중의 힘으로 늘 새롭게 충전되는 다중 자치적 공화정부가 되어야 할 것이다.

새로운 정부는 민주 시민과 함께 직접민주주의 개헌을 완성할 '물민주권 정부'일 것을, 물민다중에 대한 차별 금지를 법으로 규정할 '평등 정부'일 것을, 물민들 사이 생태 관계의 표현인 기후가 처한 비상사태를 기존 생태 관계의 혁명을 통해 극복할 '기후정의 정부'일 것을 요구하고 있다.

죽은 자가 산 자를
구할 수 있는가

《민들레》
2025.10.6.

지난 3년간 나라를 엉망진창으로 만든 검찰 독재 정권의 수괴 부부도 감옥에 들어가 나라가 정상을 되찾았고, 무덥고 지루했던 폭염과 폭우도 그쳤다. 아침저녁으로는 제법 선선한 바람이 불고 하늘의 구름은 높아졌다.

오늘은 마침 추석날이다. 한 해의 농사와 풍년에 감사하고, 우리를 보살핀 조상들의 음덕을 생각하는 추원보본(追遠報本)의 시간이다. 오늘의 우리가 존재하는 것은 오랜 조상들로부터 면면히 이어져 온 유전적 생명의 결과이며, 우리의 정신과 문화는 과거의 역사적 경험과 지혜의 소산이다. 하늘 아래 새로운 것은 없고, 시절 인연에 따라 민

㈑과 물㈜이 서로 돕고 의지하면서 오늘에 이르렀다.

2022년 3월 9일 제20대 대통령 선거에서 나라 경영에 대한 뚜렷한 철학이나 국내외 정책에 대한 아무런 준비도 없이 검찰 권력과 기득권 카르텔의 옹호에 힘입어 대통령 직에 오른 윤석열은 민주주의 그리고 인권과는 거리가 먼 시대착오적 독재자였다. 민의에 따른 정치는커녕 야당과 대화하는 시늉조차 하지 않았고, 오로지 전 정권과 야당 인사들에 대한 수사와 기소를 남발하여 집권 초기부터 물 의를 일으키고 민심의 외면을 받았다. 그 결과 총선에서 압도적인 심판을 받아 여소야대 정국을 자초하였다.

대화보다 지시와 명령을 내리는 데 익숙한 검찰 독재 자는 국회가 자기 뜻대로 움직이지 않자, 국회에서 의결 된 법률안들에 대해 거부권을 남발했다. 급기야 2024년 12월 3일 느닷없이 비상계엄을 선포하고 무장 군인을 동 원하여 국회를 침탈하는 내란을 일으켰다. 야당과 비판 세력을 제거해 영구 집권하려고 획책한 무모한 친위 쿠데 타는 민주 시민들의 격렬한 저항과 동원된 계엄군의 소극 적 움직임, 국회의 신속한 계엄 해제 결의를 통해 실패로 끝났고, 현재 특검에 의한 내란 세력 단죄가 진행 중이다.

이처럼 무모한 친위 쿠데타 내란의 역사적 반동을 막고 민주공화국의 정체성을 되찾는 과정이 순조롭지만은 않았다. 2024년 12월 7일에 실시된 국회의 윤석열 탄핵안이 부결되자 여의도에 모인 시민들의 저항은 더욱 거세졌고, 정의로운 사제들과 양심적인 교수들, 우리 민사네를 비롯한 여러 민주 사회단체의 탄핵 촉구 성명서가 빗발쳤다. 그 결과 12월 14일 국회에서 재적의원 300명 중 204명의 찬성으로 윤석열 탄핵소추안이 가결되어 헌법재판소로 넘어갔다.

그러나 '이제 윤석열은 끝났구나' 하는 판단은 시기상조였다. 비상계엄 발령 때 침묵으로 동조했던 대법원장 조희대는 유력한 야당 지도자의 대통령 선거 출마를 원천적으로 차단하려 시도했고, 지귀연 판사는 법비다운 꼼수를 써서 윤석열을 풀어 주었다. 한덕수와 최상목으로 이어지는 정부 내 내란 세력들이 헌법재판소 구성을 의도적으로 방해하여 파면 선고는 늦어지기만 했다.

그러나 이런 모든 꼼수와 조작도 민주공화국의 정체성 회복을 바라는 민주 시민들의 열기를 막을 수는 없었다. 2025년 4월 4일 드디어 문형배 헌법재판소 권한대행의

"피고인 윤석열을 파면한다."라는 주문 선고가 내려지면서 역사의 큰 물줄기는 바로잡히게 되었다.

이러한 과정에서 이만열 선생님을 원로 고문으로 모시고 윤석열 폭정 종식을 위해 활동해 온 우리 민사네도 2025년 3월 11일 〈헌법재판소는 즉시 윤석열을 파면하여 내란을 종식시켜라〉라는 시국성명서를 내고, 헌법재판소가 파면 인용 결정을 내릴 수 있도록 촛불행동과 비상행동이 주도한 안국동 송현광장·광화문·한남동 집회에 끈질기게 참여하여 민주 헌정 질서를 회복하는 데 동참하였다.

이렇게 역사가 퇴행할 때 그것을 바로잡는 힘은 어디서 왔을까. 국난을 극복해 온 투쟁의 역사, 1960년 4·19 혁명과 1987년 6·10 민주화운동 같은 역사적 경험이 밑바탕이 되었음은 분명하다. 특히 이번 윤석열 내란에 저항할 수 있었던 힘은 1980년 전두환 군사 쿠데타 세력에 피 흘리며 맞선 광주 민중들의 저항 경험과 그때 직접 참여하지 못한 데 대한 부끄러움과 후회가 큰 몫을 한 것 같다.

지난 7월 22일 국회의원회관에서 열린 '12·3 내란을 막아낸 시민영웅' 기념식에서 광주 출신의 한 시민이 계엄 선포 당일 저녁 이재명 당시 민주당 대표가 "계엄군이 국회로 오고 있다. 시민들은 국회로 와 달라."라고 호소하는 것을 들으면서, 1980년 5·18 광주민중항쟁 당시 광주의 한 여성이 트럭을 타고 광주 시가지를 다니면서 "계엄군이 도청으로 쳐들어오고 있다."라고 절규했던 목소리가 떠올랐다고 했다.

윤석열이 계엄을 선포하기 두 달 전, 노벨문학상 수상자로 결정된 한강 작가는 《소년이 온다》(창비, 2014)에서 1980년 5월 전두환 휘하의 계엄군이 광주 시내를 진주하고 있는 상황을 다음과 같이 생생하게 재현했다.

> 메가폰을 쥔 여자의 목소리가 차츰 가까워졌다.
> "시민 여러분, 도청으로 나와 주십시오. 지금 계엄군이 시내로 들어오고 있습니다. 우리는 끝까지 싸울 것입니다. 함께 나와서 싸워 주십시오."
>
> — 한강, 《소년이 온다》, 91쪽

이번 윤석열 검찰 독재 정권의 12·3 비상계엄으로 촉발된 내란을 물리치는 데는 우리나라의 민주화와 정의를 위해 희생한 김주열, 전태일, 박종철, 이한열 열사를 비롯하여 광주민중항쟁 당시 목숨을 바쳤던 민주 열사들의 보이지 않는 일깨움과 도움이라는 역사적 힘이 큰 영향을 주었다.

그런 의미에서 한강 작가가 노벨문학상 수상 소감에서 "과거가 현재를 도왔고, 죽은 자가 산 자를 구했다."라고 한 말은 사실이다. 세계는 여전히 폭력적이고 고통스럽지만, 이런 상황 속에서도 비폭력적이고 평화적인 방식인 '빛의 혁명'으로 비상사태를 해결한 것은 참으로 아름다웠다고 할 것이다.

2024년 12월 22일 남태령 대첩을 되돌아보며

페이스북
2025.12.22.

2024년 12월 21일 토요일 오전 11시, 민사네 상임고문이신 조성민 교수님께서 〈인권의 중요성과 실천〉이라는 주제로 발제한 민사네 14차 포럼을 마치고, 헌법재판소에 윤석열에 대한 신속한 파면 선고를 촉구하는 12월 '전국 집중 촛불문화제'에 참여했다.

안국역 3번 출구에서 아내를 만나 지인인 홍춘숙 여사가 선결제한 커피 쿠폰을 선물로 받아 우리 민사네 동지들, 촛불행동과 귤 나눔 봉사자들에게 나누어 드린 뒤 집회에 참가하였다.

날이 몹시 춥고, 아침부터 포럼과 집회에 연이어 참석

하느라 힘이 들어 저녁 회식 자리에 가지 않고 곧바로 귀가하였다. 저녁에 유튜브를 켜 보니, 전남 함평의 농민들이 '전봉준투쟁단'이라고 쓴 깃발을 트랙터에 꽂고 서울로 오다가 남태령고개에서 경찰에 의해 저지되었는데, 한남동과 안국동에서 윤석열 파면 촉구 집회를 마친 젊은 시위대(주로 젊은 여성들)가 남태령으로 가서 상경한 농민들을 맞이해 함께 길을 트기 위해 연대 투쟁을 하고 있다고 했다.

마음 같아서는 당장 달려가서 그들을 응원하고 싶었지만, 73세의 나이에 하루 종일 설치고 다녔더니 힘이 들어 집에서 쉬고, 다음 날인 12월 22일 아침에 전철을 타고 남태령역에 내려 수도방위사령부 쪽 출구로 나가 상경한 농민들과 합세한 젊은 청년들을 만나러 갔다. 그때 뒤에 오던 젊은 여성이 "할아버지, 이 목도리 하고 가세요." 하면서 귤색 목도리를 건네주었다. 흰머리의 노인네가 찬바람을 맞을까 봐 걱정되어 내어준 것이었다. 눈물이 나올 정도로 감동적이었다.

역사적인 '남태령 대첩' 때 남녀노소가 연대한 힘, 농사를 짓던 남녘땅 농민들이 딸 같은 젊은 여성들의 환대를

연대의 힘을 보여 준 남태령 대첩

남태령역에서 젊은 여성이 건네준 '가보' 목도리를 두르고 받고 하나가 되어 추위와 경찰의 저지를 뚫고 한남동 윤 가놈 소굴로 진격하던 장엄한 모습은 영원히 잊을 수 없 을 것이다.

남태령 대첩 1주년을 맞아, 기념으로 간직해 둔 귤색 목도리를 꺼내 두르고, '12·3 민주헌정수호 특별상' 증서 와 '12·3 내란을 막아낸 시민영웅' 메달을 좌우에 놓아두 고 인증 사진을 찍어 기록으로 남긴다.

인류사적 최대 과제는
생태 위기… 인간과 만물 공생을

《한겨레》
2025년 8월 29일 자 19면

"연좌하면서 제가 우린 살 만큼 산 것 아니냐, 나이 든 사람들이 나서서 계엄군을 태운 차량 앞에서 막자고 농담처럼 말했어요. 그랬더니 몇 분이 호응하시더군요."

2018년 정년을 맞은 김영 인하대 명예교수는 지난해 12월 3일 비상계엄 소식을 아내에게 듣고 곧바로 택시를 잡아타고 국회로 향했다. 계엄 선포 30분도 채 지나지 않은 시각이라 국회 앞에 시민이 많지 않았다. 그때 부부의 눈에 시민들이 계엄군을 태운 수방사 차량의 국회 진입을 저지하는 모습이 보였다. 그는 바로 이 차량 앞에 연좌하며 다른 시민들의 동참을 독려했다.

그는 "도덕 교사 출신인 아내가 먼저 국회로 가야 한다."라고 했다면서 그날 심경을 떠올렸다. "1980년 광주 민중항쟁 때 광주 시민이 무차별 학살당하고 있다는 것을 제가 일찍부터 알았어요. 제가 다니던 향린교회가 광주와 연결되어 소식을 앞서 들었거든요. 그때 아무것도 못 한 것에 대한 죄책감이 제 마음속에 깔려 있었어요. 이번에 한번 행동으로 갚을 때가 왔다는 생각이 들었죠. 그때 아무것도 못 해 부끄러웠으니."

사실 그는 윤석열 정부가 출범하고 4개월이 지난 2022년 9월부터 거의 매주 거리에서 윤석열 퇴진을 외쳤다. 2023년 2월에는 박충구 감신대 명예교수, 해방신학자 김근수, 정종훈 연세대 교수 등과 함께 '민주사회를 위한 지식인 종교인 네트워크'(약칭 민사네)를 만들어 40여 명의 회원들과 함께 매주 광장에 섰다. 그와 박충구 교수가 공동대표인 민사네에는 조헌정 목사, 강정구 전 동국대 교수, 최자웅 신부, 이철 전 의원 등이 참여하고 있으며 이만열 전 국사편찬위원장이 고문이다.

지난 6월엔 민사네 3년 활동을 보여 주는 자료집《정의실천》을 펴내기도 했다. 여기에는 민사네 시국 성명과 시국 논평, 회원 중심으로 18차례 연 시국 포럼 발제와 토론 내용 등이 담겼다.

김 교수를 지난 22일 한겨레신문사에서 만났다.

"윤석열은 역사상 가장 저열한 걸(중국 하나라 왕)·주(중국 상나라 왕) 같은 폭군이라고 봐요."

한문학자이자 여의샛강생태공원 '샛숲학교' 교장도 지낸 그가 지난 3년 아내와 함께 매주 거리로 나와야 했던 이유이다. "제가 윤석열에 가장 분노한 것은 건설 노동자를 '건폭'(건설노조+조폭)이라고 한 겁니다. 우리 사회 발전에 기여한 노동자가 없으면 우리 사회는 어떻게 되겠습니까. 그런데 자기는 '검찰 카르텔'을 만들면서, 적반하장으로 노동자들을 건폭이란 말로 모멸하고 또 가난한 사람은 유통 기한이 지난 음식을 먹어도 된다고 하더군요. 그걸 보고 대통령이 아니라 인간으로서도 자격 미달이란 생각을 했죠. 신경림 시에 '가난하다고 사랑을 모르겠는가'라는 구절이 있는데, 윤석열은 가난한 사람을 인격체가 아니라 발톱 밑의 때처럼 여겼어요."

조선 후기 학자 이광정이 쓴 《망양록》 연구로 모교인 연세대 국문학과에서 박사 학위를 받은 그는 현역 교수 시절에도 '민주화와 사회 정의를 위해 행동하는 학자'였다. 2005년에 김명인·박혜영 교수 등과 함께 '우리 시대를 생각하는 인하대 교수 모임'(약칭 우생모)을 만들어 자본이 점령한 대학 현실에 대한 해법 모색에 노력했다.

인하대 교수회 의장 시절인 2015년에는 그가 주도해 대학 비룡탑 앞에서 세월호 참사 1주기 추모식을 했다. 이 행사에는 학생들보다 대학의 비정규직 청소 노동자들이 더 많이 참석했단다. 그가 이끄는 교수회가 청소 노동자들 편에서 목소리를 내고, 타월과 같은 기념품을 만들 때도 꼭 챙겨준 것을 잊지 않고 교수회 행사에 동참한 것이다. 2016년 박근혜 탄핵 촛불 시위에는 인하대 교수회 사상 처음으로 교수회 깃발을 앞세워 종로에서 광화문으로 행진했다.

그는 우생모 결성을 두고 이렇게 말했다. "대학이 자본의 힘에 초토화되고 있으니 비록 소수라도 진보적인 교수들이 뭉칠 필요가 있다고 봤죠. 회원이 15명에 불과했지만 뜻이 정당하고, 또 조직되고 선전·선동 활동도 잘하니 대학에서 영향력이 있었죠."

지난 3년 '거리의 한문학자'로 살며 가장 기억에 남는 일을 묻자, 그는 눈물이 쏟아졌던 순간을 떠올리며 다시 눈시울을 붉혔다. "농민들 트랙터 시위에 젊은 여성들이 합류한 남태령 집회에 가려고 아침 일찍 남태령역 계단을 오르고 있었어요. 그때 뒤에서 오던 젊은 여성이 '할아버지 날이 굉장히 춥습니다. 제 목도리를 드리겠습니다'라며 목도리를 건네는 거예요. 머리가 하얀 노인네가 자기들을 응원하러 왔다고 생각해 그런 것 같습니다. 너무 감동적이었어요."

민사네는 지난 7월 기존 운영진에 역사학자인 백승종 전 서강대 교수를 교육위원장으로 새로 뽑아 2기를 시작했다. 2기 활동에 관해 묻자 그는 "회원들이 지식인과 종교인인 만큼 우리나라가 어디로 가야 하는지 담론 형성에 초점을 맞추겠다."라고 했다. "사실 지금 우리 앞에 자본주의 위기나 생태 민주주의 도래 같은 인류사적 과제가 많아요. 윤석열 때문에 이런 걸 놓치고 거리로 나설 수밖에 없었죠. 기후 위기나 종교의 파시즘 현상, 자본의 노예가 된 대학의 상업주의 문제 등에 대해 우리가 할 일이 뭔지 말과 글로 찾으려 합니다."

그가 보는 오늘날 인류사적 가장 큰 과제는 생태 위기이다. 3년 전에 그는 《생태 위기 시대에 노자 읽기》란 책도 냈다. "지금껏 인류는 인간 중심주의적 세계관을 갖고 자연을 파괴하고 착취해 인간이 살지 못하게 되는 상황으로 몰리게 되었어요. 인간과 만물이 상호 공생하는 생태 민주주의로 가야 합니다."

그는 우리 전통 사상에서도 생태 민주주의 개념을 찾을 수 있다고 했다. "실학자 박지원은 '이민택물(利民澤物: 백성을 이롭게, 만물을 윤택하게)'을, 실학자 정약용은 '택만민, 육만물(澤萬民, 育萬物: 만민이 윤택하게, 만물이 잘 자라도록)'을 말했어요. 육만물은 꽃은 꽃답게, 나무는 나무답게 번성해 스스로 즐거워할 수 있게 한다는 거죠. 인간이 자기 이익을 위해 덜 익은 것을 마구 베거나 농약 같은 것을 확 뿌려서는 안 된다는 겁니다."

그는 퇴임 뒤에도 《인문학을 위한 한문 강의》(2018), 《고전에 길을 묻다》(2021) 등 고전 대중서를 꾸준히 펴냈다. 고전 문헌 속으로 깊이 들어가는 대신 옛글의 뜻을 현 상황과 접목해 살피는 데 초점을 두고 책을 쓰고 있다. 지난 20년 동안 일기도 매일 쓰고 있다. "제 독서 철학이 '동서고금취사(東西古今取捨)'입니다. 제가 만든 말이죠. 동양이든 서양이든 옛날이든 지금이든 취할 것은 취하고 버릴 것은 버린다는 말입니다. 오늘날 역사 현실과 저의 요구에 맞는 책은 취하지만 그렇지 않은 것은 버린다는 거죠."

오늘날 가장 되새겼으면 하는 고전 글귀를 묻자 그는 중국 고전《서경》에 나오는 '만초손 겸수익(滿招損 謙受益)'을 들었다. "교만은 손해를 불러오고 겸손은 이익을 얻는다는 말입니다. 노자의 비우고 낮추고 부드럽고 겸손하라는 말과도 통해요. 지금은 오만한 사회입니다. 자기 욕망 충족이 최대의 행복이라고 생각해요. 이는 생태적으로 유지되기도 힘들고 개인적으로도 망하는 길입니다. 백성들도 그런 지도자는 마음으로 따르지 않아요. 오만한 권력자가 힘에 따라 통치를 하면 각자도생의 사회가 되어 공동체는 엉망진창이 됩니다."

60살 이후 삶의 신조가 '이웃과 함께, 자연과 더불어'

라는 김 교수는 "가지고 배우고 나이 든 자들이 해야 할 일은 억강부약(抑强扶弱: 강한 자에게는 세게 대응하고, 약한 자는 따뜻하게 돕는다)"이라고도 했다. 그가 정치인 이재명을 좋아하는 이유이기도 하단다. 그는 이어 "말보다 행동의 중요성"도 강조했다. "독립운동을 말로만 해 봐야 무슨 소용이 있습니까? 우리가 안중근 의사를 존경하는 것도 행동했기 때문이죠. 민사네 고문인 이만열 선생님도 '백 마디 말보다 한 번의 행동이 중요하다'고 하시더군요. 윤석열 탄핵 때 보세요. 처음 국회에서 탄핵이 안 되니 여의도에 젊은 여성들을 중심으로 10만, 20만, 30만이 모이니 탄핵이 되잖아요."

나이 어린 제자들에게도 늘 깍듯했다는 그는 2016년에 인하대 총동창회가 주는 참스승상을 받았다. 그가 민사네에서 여러 지식인과 종교인을 아우를 수 있었던 데는 이런 겸손한 성품도 한몫했을 것이다. 지금도 후배 학자들이 책을 내면 정성껏 서평을 써 SNS에 올리곤 한다.

겸손의 뿌리를 궁금해하자 그는 "제가 좀 착하게 생겼잖아요."라며 환하게 웃은 뒤 경북 의성에서 정미소집 막내아들로 자란 이야기를 들려줬다. "정 같은 거는 좀 타고난 것 같아요. 어릴 때 우리 집에 걸인이 자주 왔어요. 그때 저는 그들을 정말로 환대했어요. 어머니가 쌀을 한 되 주면 저는 옆에서 '어머니 조금 더 넣어 주세요' 하고, 걸인에게는 '다음에 또 오세요' 했죠. 어머니가 그걸 보면서 '사내새끼가 이렇게 마음이 곱고 착해서 어떻게 하겠냐' 걱정하셨어요. 제가 해병대에 간 것도 해병대 장교 조종사였던 형님이 저를 보고 '아무래도 마음이 너무 착해 인생 살기에 조금 그러니까 해병대에 가는 게 좋겠다'라고 권한 영향이 있었죠."

그의 고향인 의성군 비안면 자락리에는 1970년대에 동네 주민들이 세운 그의 할아버지 공덕비도 있단다. 그의 조부가 땅을 내놓아 새로 저수지를 조성하게 되어 마을 농토가 천수답에서 수리답으로 바뀐 데 대한 보답이었다.

"우리 집 가훈이 '적선지가, 필유여경(積善之家, 必有餘慶)'입니다. 선을 쌓는 집안에는 반드시 경사스러운 일이 있다는 말이죠. 할아버지가 만드셨어요."

스스로 즐거워한다는 뜻인 그의 호 '자락(自樂)'도 조부 공덕비가 있는 마을 이름에서 땄다.

"인류사적 최대 과제는 생태위기…인간과 만물 공생을"

접점

'민사네' 김영 공동대표

"연차하면서 제가 우린 살 만큼 산 것 아니냐, 나이 든 사람들이 나서서 계엄군을 태운 차량 앞에서 막자고 농담처럼 말했어요. 그랬더니 몇 분이 호응하시더군요."

2018년 장녀를 맞은 김영(73세) 인태대 명예교수는 지난해 12월3일 비상계엄 소식을 아내함께 듣고 공주로 택시를 잡아타고 국회로 향했다. 계엄 선포 30분도 채 지나지 않은 시각이라 국회 밖 시민이 많지 않았다. 그때 부부의 눈에 시민들이 계엄군을 태운 수방차 차량의 국회 진입을 저지하는 모습이 보였다. 그는 바로 이 차량 앞에 연좌하여 다른 시민들의 동참을 독려했다.

그는 '도대 교사 출신인 아내가 먼저 국회로 가야 한다'고 했더라다. 그날 심경을 떠올렸다. '90년 광주민중항쟁 때 광주 시민이 무차별 학살당하고 있다는 소식을 제가 일찍부터 알았어요. 제가 다니던 양린교회가 광주와 연결돼 있어 소식을 일찍 접었거든요. 그때 아무것도 못한 것에 대한 죄책감이 제 마음 속에 깔려 있었어요. 언젠가 기로에 섰을 때 갈까 말까 망설임 없어야, 그때 아무것도 못했던 부끄러움이나…"

사실 그는 윤석열 정부가 출범하고 4개월이 지난 2022년 9월부터 거의 매주 거리에서 윤석열 퇴진을 외쳤다. 2023년 2월엔 박충구 감신대 명예교수, 해방신학자 김근수, 정홍훈 연세대 교수 등과 함께 '민주사회를 위한 지식인 종교인 네트워크(약칭 민사네)'를 만들어 40여명의 회원들과 함께 매주 예배를 섰다. 그와 박충구 교수가 공동대표인 민사네에는 조헌정 목사, 강응구 전 동국대 교수, 최자웅 신부, 이철호 의원 등이 참여하고 있으며 이러한 전 국사편찬위원장을 고문으로 뒀다.

지난 6월에 민사네 3년 활동을 보여주는 자료집을 펴내기도 했다. 연사네 '생태실천'을 강조한다. 여기에는 민사네 시국성명과 시국논평 등 중심으로 18자에 연 시국회로 발제와 토론 내용 등이 담겼다.

김 교수를 지난 22일 한겨레신문사에서 만났다.

2023년 결성해 윤석열 퇴진 운동
시국 성명·논쟁 내고 모임 열기도
이만열·박충구·김근수 등 학자와
종교인 조헌정·최자웅 등 40여명 참여
3년 활동 보여주는 자료집 출간

"앞으론 한국 사회 어디로 가야 하나
담론 형성에 초점 맞춰 활동할 것"

"윤석열이 역사상 가장 저열한 걸까중 아니라 완·주업국 상나라 같은 폭군이라고 봐요."

한문학자이자 여의샛강생태공원 '갓숲학교' 교장도 지낸 그가 지난 3년 아내와 함께 매주 거리로 나와야 했던 이유가 뭘까. "제가 윤석열에 가장 분노하는 것은 건설 노동자를 '건폭(건설노조폭력배)'이라고 한 김니다. 우리 사회 발전에 기여한 노동자가 일으면 우리 사회는 어떻게 되었을니까. 그런데 자기는 '검찰 카르텔'을 만들면서, 착한하장소나 노동자들을 건폭이란 말로 모멸하고 또 가난한 사람은 유통 기한이 지난 음식을 먹이도 한다고 하더군요. 그럼 보고 대통령이 가난하다거나 또 조직되고 선진·선동 활동도 대한나 대한에 영향력이 있었는데.

그는 우생적 경성을 두고 이렇게 말했다. "대한이 자본의 압에 초토화되고 있으니 비복 소수파도 진보적인 교수들이 뭉쳐 필요가 있다고 봐요. 화원이 15명에 불과했지만 뜻이 정당하고 또 조직되고 선진·선동 활동도 대한에게 영향력이 있었는데.

민사네는 지난 7월 기존 운영단에 역사학자인 백승종 전 서강대 교수를 교육위원장

으로 새로 뽑아 2기를 시작했다. 2기 활동에 관해 묻자 그는 "화원들이 자신인과 종교인인 만큼 우라나라가 어디로 가야 하는지 담론 형성에 초점을 맞추겠다"고 했다. "사실 지금 우리의 자본주의 위기나 생태 위기 극복이 돼 같은 인류사적 과제가 많아요. 윤석열 때문에 이번 일 놓치고 그러죠. 그와 다닐 수밖에 없었어요. 기후위기나 종교의 파시즘 현상, 자본의 노예가 된 대학의 상업주의 문제 등에 대해 우리가 할 일이 뭔지 밝게 글로 찾으려 합니다."

그가 보는 오늘날 인류사적 가장 큰 과제는 생태 위기이다. "지금껏 인류는 인간 중심주의의 세계관을 갖고 자연을 파괴해요 작취하며 인간이 살지 못하게 되는 상황으로 몰리게 되었어요. 인간과 만물이 상호 공생하는 생태 민주주의로 가야 합니다."

그는 우리 전통 사상에서도 생태 민주주의의 개념을 찾을 수 있다고 했다. '질화부 박지원의 이민학설(利用厚生)·백성을 이롭게, 만물을 윤택하게)을, 실학의 정약용 태안민, 무안별(無人別, 무차별) 안관이 문체하게 만물이 상호실양하는 자리회(自利利他)를 했다. 우리에나 나무도 나무입대의 벼심까지 소비 즐거워할 수 있게 한다고는 거죠. 인간이 자기 이익을 위해 덜 익은 것을 바꾸 베가는 농약 같은 것을 뿌려서는 안 된다는 겁니다."

그는 뛰일 뒤에도 '인문학을 위한 한문 강의'(2018), '고전에 길을 묻다'(2021) 등 고전 대중서를 꾸준히 펴냈다. 고전 읽은 속으로 길이 들어가는 대신 옛글의 뜻을 현 상황에 맞북해 살리는 대 초점을 두고 책을 쓴다.

오늘날 가장 되새겨보아 하는 고전 글귀를 물어나 그는 중국 고전 '처경박'나오는 칸트이 손게들 볼리어고 겸손은 이익을 얻는다는 말입니다. 지금은 오만한 사회입니다 자꾸 평화 추세가 최대의 행복이라고 생각해요 이는 생태적으로 유지되기도 힘들고 개선생도 많아는 겁니다. 백성들도 그린 지도자를 마음으로 따르지 않아요. 오만한 관대하가 함께 따라 통치를 해야 관자도에만 사회가 자기 공멸에는 안정조정이 말리다.

60살 이후 삶의 신조가 '이웃과 함께, 자연과 더불어'라는 김 교수는 '가비고 배우고 나이 든 사람이 해야 할 일은 역산여야야대(易簡, 강한 자아내게 세상에 세상 대응하고, 약한 자녀는 따뜻하게 품는다)'라고도 했다.

강성만 선임기자

sungman@hani.co.kr
사진 강창광 선임기자 chang@hani.co.kr

《한겨레》 2025년 8월 29일 자 19면

부록

2022~2025

활동 사진 기록

민사네, 촛불행동 동지들과 거리 집회 참여

민사네 포럼 모임

윤석열 탄핵 가결 뒤 민사네 회원들과

민사네 문집 《정의실천》 출판기념회

《정의실천》 출판기념회에서 촛불행동 김민웅 대표께 '정의실천상' 수여

촛불집회 때 선결제 귤 나눔 행사

이윤홍 서예가 광주 작품전 격려 방문

박재동 화백 만화·캐리커처전 격려 방문

천주교정의구현전국사제단 전주 풍남문 시국미사 때(김영 · 박충구 민사네 공동대표, 김민웅 촛불행동 대표, 박재동 화백)

함세웅 신부님 초청 더탐사 시민학당 개강 특강

명동성당에서(김규돈 신부님, 박충구 민사네 대표, 김인국 신부님, 김영 민사네 대표, 이승렬 전 영남대 교수회 의장)

천주교정의구현전국사제단 김영식 대표신부님과

성요셉 수도원의 최종근 원장신부님과

시민언론 민들레 창간 1주년 기념 자리에서

민들레 이명재 대표와

민사네 원로 고문 이만열 선생님과 함께 뉴탐사 강진구, 박대용 기자를 만나 격려

김영 민사네 공동대표, 김민웅 촛불행동 대표, 강진구 뉴탐사 대표기자, 김근수 해방신학연구소 소장

김영 민사네 공동대표, 강진구 뉴탐사 대표기자, 고광헌 전 한겨레신문 사장, 이명재 민들레 대표

뉴탐사 서포터즈

태평로에서 아내와

손녀들의 평화를 위해 함께

한국에 온 손녀들과 비 오는 날 태평로에서

'12 · 3 내란을 막아낸 시민영웅' 메달을 들고
손녀와 함께

아내와 함께 '12 · 3 민주헌정수호 특별상' 수상

파리의 딸과 교민들이 참여한 트로카데로 인권광장에서 열린 윤석열 퇴진 시위

파리시청 앞에서

당시 성남시장이었던 이재명 대통령과 함께

'12 · 3 내란을 막아낸 시민영웅 시상식'에서 우원식 국회의장과 함께

태평로 촛불행동 집회에서(김영 민사네 대표, 조국 조국혁신당 대표, 박충구 민사네 대표, 김민웅 촛불행동 대표)

광화문 도보 행진 때 김민석 총리와 함께

태평로 촛불행동 집회에서 (김영 민사네 대표, 추미애 법사위원장, 김민웅 촛불행동 대표)

저항과 성찰

초판 1쇄 인쇄 · 2026. 2. 13.
초판 1쇄 발행 · 2026. 2. 27.

—

지은이   김영
발행인   이상용·이성훈
발행처   청아출판사
출판등록 1979. 11. 13. 제9-84호
주소   경기도 파주시 회동길 363-15
대표전화 031-955-6031 팩스 031-955-6036
전자우편 chungabook@naver.com

—

—